교회 성장 남성리더십으로 승부하라

Strategy For Church Growth

남성 중심의 리더십을 통한 교회 성장 프로젝트

이상수 지음

온누리교회 따라잡기

생명의말씀사

교회
성장
남성리더십으로
승부하라

ⓒ 생명의말씀사 2006

2006년 11월 27일 1판 1쇄 발행
2012년 6월 30일   3쇄 발행

펴낸이 | 김창영
펴낸곳 | 생명의말씀사

등록 | 1962. 1. 10. No.300-1962-1
주소 | 서울 종로구 송월동 32-43(110-101)
전화 | 02)738-6555(본사) · 02)3159-7979(영업)
팩스 | 02)739-3824(본사) · 080-022-8585(영업)

지은이 | 이상수

기획편집 | 박보영, 문효진
디자인 | 조현진, 전민정
인쇄 | 영진문원
제본 | 정문바인텍

ISBN 89-04-07105-4 (03230)

저작권자의 허락없이 이 책의 일부 또는 전체를
무단 복제, 전재, 발췌하면 저작권법에 의해 처벌을 받습니다.

교회
성장
남성리더십으로
승부하라

이상수 지음

들어가며

남자성도가 나오는 교회 만들기!

그동안 많은 교회에서 담임목회자와 성도들이 기도하면서 여러 노력과 방법을 시도해 보았을 것이다. 하지만 결코 쉽지 않은 과제라는 데 모두 동의할 것이다.

그 결과 담임목회자들은 '남자성도가 나오는 교회 만들기가 과연 성공할 수 있을까?' 하는 의심부터 품게 된다. '남자성도가 나오는 교회'를 만들기 위해서는 무엇보다도 먼저 이제부터 '여자성도 중심 목회'에서 '남자성도 중심 목회'로 전환한다는 담임목회자의 결단이 있어야 한다. 그 다음은 여자성도들의 동의가 필수적으로 요구된다. 그 이유는 기존에 주도하던 사역의 자리를 남자성도들에게 넘기는 데 따른 서운함을 여자성도들이 가질 수 있기 때문이다.

지금은 인터넷의 발달 등 정보민주화에 따른 '수평적인 시대'를 맞이하고 있다. '수평적인 시대'는 누구나 성공하거나 세워질 수 있다는 것을 내포하고 있다. 스스로 찾아서 배우는 '자율훈련'은 '수평적인 시대'에 부응하는 훈련방식이다. 따라서 목회자들이 '수평적인 시대'를 살고 있는 성도들을 교회에 세우기 위해서는 '자율훈련목회'가 필요하다고 본다.

특히, 남자성도를 훈련시키기 위해서는 '강요'보다는 '자율훈련'이 더 효과적이다.

나는 2005년 3월에 건강한 교회성장 이제는 시스템이다-온누리교회 분석하기(도서출판 말씀삶)라는 책을 출간하였다. 어떤 사람이 교회 안에 들어와서 사역자로 세워지기까지 만나는 과정을 다섯 단계로 구분하여 기술한 책이다.

성도가 교회에 처음 나와 만나는 '교회문화', 예배를 드리며 접하는 '예배시스템', 그리고 등록한 후에 구역으로 배치되는 '교구시스템', 다음으로 목회자나 평신도 사역자에게 훈련받는 '양육시스템', 마지막으로 교회를 섬기는 '사역시스템'으로 분류하였다. 이것을 111개 문항의 '건강목회시스템 111 전략'으로 제시하였다. 이것은 성도들이 스스로 배우고 참여하는 '자율훈련교회시스템'을 구축하는 전략이다.

'자율훈련교회시스템'은 '은혜 충만한 예배'를 최우선에 두고, '남자성도가 세워지는 교회'와 '자율훈련교회'를 양 날개로, 궁극적으로 '남자성도 중심으로 전 성도를 세우는 자율훈련교회'를 이루고 있다.

나는 현재 교회시스템 전략연구소(www.forchurch.or.kr)에서 '남자성도 중심으로 전 성도를 세우는 자율훈련교회시스템'으로 전환하는 프로그램인 '교회갱신 프로젝트'를 섬기고 있는데 여러 교회 목회자와 사모, 그리고 평신도 리더들을 만나면서 '건강목회시스템 111 전략'을 '성도배가전략-남자성도가 나오는 교회 만들기'의 관점에서 맥을 잡아 이해를 도울 필요가 있다고 느끼게 되었다.

I부는 '1단계 믿지 않는 남편 전도전략 → 2단계 남자성도 교회정착전략 → 3단계 남자성도 훈련전략 → 4단계 남자성도 참여전략 → 5단계 남자성도 활동전략'인 '5단계 맥잡기'로 구성된다. '5단계 맥잡기'는 1, 2단계인 '남자성도가 세워지는 교회'와 3-5단계인 '자율훈련교회'로 구분된다.

특히 1, 2단계의 '남자성도가 세워지는 교회'는 '개척목회전략'으로 신학생이나 개척교회 목회자에게 새로운 목회 방향성을 제시할 것이다.

'자율훈련교회시스템'으로 전환하기 위해서는 혁신적인 발상의 전환이 필요하기 때문에 이 부분에 '발상의 전환'을 9가지로 제시하였다.

교회시스템은 교회성장과 시대 변화 그리고 필요에 따라 계속 변한다. 마찬가지로 '자율훈련교회시스템'도 교회가 성장하면 성장할수록, 또 여성들의 교회사역 참여가 활성화될수록 변하게 될 것이다. 자칫 '꿔다 놓은 보릿자루' 신세인 남자성도들이 다시 교회에서 발길을 돌리는 방향으로 변할 수도 있다.

'남자성도 중심으로 전 성도를 세우는 자율훈련교회를 오래 잘 유지하려면?'에서는 온누리교회의 남자성도중심 목회 변화를 분석하여 흔들림 없이 간직해야 할 핵심적인 교회시스템을 다루었다.

인간은 현실에 안주하려는 경향을 가지고 있다. 어느 조직이나 지도자가 새로운 변화를 시도하게 되면 지도자 자신뿐만 아니라 조직 구성원들에게 두려움이 생긴다.

지도자는 자신이 기존에 가지고 있던 생각의 틀을 깨고 '잘 모르는 것을 처음 시도하는 것에 대한 두려움'과 '조직 구성원들이 과연 잘 따라올까 하는 두려움'을 가지게 된다.

그리고 조직 구성원들에게는 새로운 변화에 따라가기 위하여 '다시 배우거나 적응해야 하는 두려움'과 새로운 변화로 각자 '현재 유지하고 있는 위치를 잃어버리지 않을까 하는 두려움'이 나타나게 된다. 조직 구성원의 두려움은 '저항'으로 발전할 수 있다. 특히 현재 조직에서 인정받고 있거나 어느 위치를 차지하고 있는 기득권 층은 '차세대 새로운 그룹이 세워지는 데 대한 두려움'을 가질 수 있다. 이 기득권 층의 두려움은 '역저항'으로 나타나게 된다.

'저항'과 '역저항'은 지도자가 어떤 새로운 변화를 시도하는 것조차 방해하거나 아예 무산시킬 수 있다.

교회에서도 마찬가지이다. 목회자가 교회시스템을 새롭게 바꾸기 시작하면 두려움에 따른 '저항'과 이미 세워져 있는 리더들의 '역저항'이 간혹 교회 공동체에 나타난다. 따라서 새로운 변화를 시작하기 위해서는 반드시 교회 공동체의 공감대 형성이 최우선적으로 필요하다.

Ⅱ부에서는 이러한 공감대 형성을 위하여 '비전 공유하기', '비전 추진하기' 그리고 '비전 열매 맺기'로 구분, 교회 공동체 공감대 형성단계부터 교회사역조직을 개편하는 데까지 필요한 단계별 실천전략을 17단계로 기술하였다.

최근 발표된 한 자료에 의하면 미국도 우리나라와 마찬가지로 남자성도보다는 여자성도들이 교회의 중심을 이루고 있다고 한다. 선진화된 미국 교회도 한국과 같이 '남자성도를 어떻게 하면 교회에 나오게 하는가?' 하는 공통된 고민을 안고 있다는 것을 파악하게 된다.

'자율훈련교회시스템'을 이루는 '남자성도가 나오는 교회 만들기'는 온누리교회에서 20년간 실천된 교회시스템 분석을 토대로 한 '교회갱신 프로젝트'를 통하여 목회 현장에 실제로 적용한 것을 담았다. '자율훈련교회시스템'은 한국뿐만 아니라, 이 땅의 모든 교회가 교회시스템을 구축하는 데 새로운 통찰력을 제공하리라 확신한다.

Contents _목차

■ 들어가며 _05

I부 남자성도가 나오는 자율훈련교회 맥잡기[발상의 전환 9가지]

▶ 남자성도가 세워지는 교회[개척목회전략] _14
'남자성도가 나오는 교회 만들기' 첫걸음

1. 믿지 않는 남편 전도전략 _17
믿지 않는 남편을 전도할 때 누구에게 부탁할까? | 처음 나온 남자성도들의 수준은? | 목회자와 사모의 성향 | 우선순위 결정 | [발상의 전환 1] 눈높이 목회

2. 남자성도 교회정착전략 _26
남자성도가 교회모임에 계속 나오게 하려면? | 잠자는 성도는 어디부터 깨어나야 할까? | 교회 모임에 지속적으로 나오게 하려면? | 어느 모임에 성도를 정착시켜야 하나? | 구역예배를 어떻게 만들어야 하나? | [발상의 전환 2] 구역예배 | '성경공부반'에 남자성도를 확실하게 '정착' 시키는 방법은? | 성경지식이 부족한 남자성도를 믿고 세울 수 있는 방법은?

▶ 자율훈련교회 _36
어떻게 하면 성도들이 스스로 자율적으로 훈련받게 할 수 있을까?

3. 남자성도 훈련전략 _39
자율훈련교회 만들기 1 – 부구역장의 자율훈련이 구역원에 주는 좋은 영향 | 성경지식이 부족한 남자 구역장을 효과적으로 교육시키는 방법은? | [발상의 전환 3] 구역장 교육 | 성경지식이 부족한 남자성도를 말씀묵상이 적용된 구역모임에 구역장으로 세우려면 어떤 자격을 갖추어야 하나? | [발상의 전환 4] 구역장 자격 | 자율훈련교회 만들기 2 – 일대일 사역 프로그램의 새로운 발견 | [발상의 전환 5] 교회 활성화 | [발상의 전환 6] 성도 접촉점 | 성경공부에 스스로 참여하도록 만드는 양육체계 | [발상의 전환 7] 양육체계

4. 남자성도 참여전략 _54
남자성도가 교회 사역에 잘 참여하도록 하려면? | '자율훈련교회시스템' 접촉점 분석 | 문제성도는 어떻게 만들어지나? | 문제성도가 만들어지는 것을 방지하려면? | 자율참여교회 만들기 | [발상의 전환 8] 자율참여교회 만들기 – Give and Take!

5. 남자성도 활동전략 _ 66

기존의 평신도사역 리더십 체계는 어떠한가? | 조직은 있는데 성도들이 왜 안 움직이는 것일까? | 권위주의 목회에서, 몸으로 함께 섬기는 목회로 | '궈다 놓은 보릿자루'에 대한 공정한 평가 | [발상의 전환 9] 양육목표[임직자 후보]

▶ 자율훈련교회를 오래 잘 유지하려면? _ 92

온누리교회 남성 리더십 중심 목회 변화 분석 | '부구역장 제도'를 잘 유지하려면? | 여성 사역을 잘 운영하려면?

II부 남자성도가 나오는 자율훈련교회 만들기 [단계별 실천전략 17가지]

▶ 비전 공유하기 _ 108

[1단계] 교회갱신의 핵심적 성공요소인 마음 밭을 이해하라! | [2단계] 첫걸음을 내딛기 전에 반드시 최고 리더들과 사전 조율하라! | [3단계] 목회자가 먼저 변했다는 것을 보여 주라! | [4단계] 성도들의 궁금증을 핵심 리더가 풀어 주라!

▶ 비전 추진하기 _ 128

[5단계] 무엇을 배워야 하는지 한눈에 보게 하라! | [6단계] [개척목회전략 1] 최고 리더의 마음을 잡으면 온 성도들의 마음도 잡는다! | [7단계] 확인 가능한 사역팀부터 조직하라! | [8단계] 변화를 피부로 느끼게 해주는 프로그램을 제시하라! | [9단계] [개척목회전략 2] 남자 구역장 양육 방법을 바꾸라! | [10단계] 함께 교회를 세워 나간다는 것을 성도들이 체험케 하라! | [11단계] [새로운 전도전략 1] 전도의 열정이 성도 본인으로부터 나오게 하라! | [12단계] 스스로 공부하는 성도로 세우라! | [13단계] 교회 공간이 부족하다는 것을 몸으로 느끼도록 하라!

▶ 비전 열매맺기 _ 195

[14단계] 교회를 섬기는 데 은퇴가 없음을 알게 하라! | [15단계] 성도를 향한 담임목회자의 사랑을 뼈 속 깊이 새겨지게 하라! | [16단계] [새로운 전도전략 2] 안 믿는 이웃조차도 당신의 교회를 선전하게 만들라! | [17단계] 교회 안에 섭섭이가 없게 하라!

■ 나가며 _ 206
■ 참　조 _ 214

I부
남자성도가 나오는
자율훈련교회 맥잡기
[발상의 전환 9가지]

▶ 남자성도가 세워지는 교회[개척목회전략]

1. 믿지않는 남편 전도전략
   [발상의 전환 1] 눈높이 목회 : 기존 성도보다 '믿지 않는 남자'에게 초점을 맞추라
2. 남자성도 교회정착전략
   [발상의 전환 2] 구역예배 : '쩍쩍쩍' 보다 '사람 이야기' 가 나오게 하라

▶ 자율훈련교회

3. 남자성도 훈련전략
   [발상의 전환 3] 구역장 교육 : 일방적 교육보다 입에 '할 말'을 '글'로 넣어 주라 | 발상의 전환 4] 구역장 자격 : 성경지식보다 모임인도 능력에 우선을 두라 | [발상의 전환 5] 교회 활성화 : 수동적 학습에서 반복으로 가르치는 장을 제공하라 | [발상의 전환 6] 성도 접촉점 : 구역간의 철옹성 벽을 깨는 접촉점을 만들라 | [발상의 전환 7] 양육체계 : 성경공부를 구역장 임직과 분리하라
4. 남자성도 참여전략
   [발상의 전환 8] 자율참여교회 만들기-Give and Take! : 사역팀에 예산을 배정하라
5. 남자성도 활동전략
   [발상의 전환 9] 양육목표[임직자 후보] : 성도들이 공정한 평가를 받도록 하라

▶ 자율훈련교회를 오래 잘 유지하려면?

남자성도가 세워지는 교회

'남자성도가 나오는 교회 만들기' 첫걸음

『여자성도는 성경지식이 부족한 자신의 남편도 세워질 수 있다는 가능성을 보아야 한다.』

목사와 사모 그리고 교회 지도자급 리더들의 눈빛을 가장 번뜩이게 하는 말은 뭐니 뭐니 해도 교회성장에 대한 이야기일 것이다.

먼저 성도를 늘리기 위한 기존의 전도방법과 전도훈련에 대하여 간단히 살펴보기로 하자.

기존의 전도방법으로 대표적인 것은 노방전도이다. 나도 신학대학원 다닐 때 전도 집회를 통하여 강남사거리에서 노방전도를 해본 적이 있었다. 지나가는 행인들에게 쑥스러움을 무릅쓰고 처음 말을 걸면서 내린 결론이 하나 있다. 아무나 붙들고 전도한다는 것은 성도들의 참여를 쉽게 유도하기가 어렵다는 것이다.

다음으로 집집마다 방문하는 가호전도이다. 그런데 요즈음은 맞벌이하느라 집이 비어 있거나, 설혹 집에 있다 하더라도 아예 문도 안 열어 주는 경우가 태반이다.

또 생활전도가 있다. 이웃에 사는 불신자를 자연스럽게 만나면서 나의 삶을 통해 예수님을 전하는 바람직한 방법이다. 그러나 이 또한 많은 시간과 공을 들여야 한다.

　마지막으로 요즈음 확산되고 있는 맞춤전도가 있다. 프로그램 형태로 진행하는 이 방법 또한 교회 전체적으로 시행할 때 외부 초청자를 섭외하게 되면 비용이 적지 않게 들어가기도 한다.

　전도훈련뿐만 아니라 교회에서 성도들에게 무슨 훈련을 시키든지 일단 시간을 정해서 모여야 한다. 여기에도 목회자들의 고민이 있다. 바로 많은 성도들이 모일 수 있는 시간을 마련하는 것이 쉽지 않다는 것이다. 또 어렵게 시간을 마련해도 훈련시간에 많은 성도가 쉽게 잘 모이지 않는다.

　이와 같이 기존의 전도방법과 전도훈련에서 목회자들이 겪는 어려움을 극복하기 위해서는 발상의 전환이 필요하다. 그동안 '전도대상자' 하면 형제, 친척, 친구 그리고 이웃이 있었지만 이제 교회 안으로 눈을 돌려 전도대상자를 바꿔 볼 필요가 있다.

　현재 혼자 교회에 나오고 있는 기혼 여자성도들의 마음의 소원은 과연 무엇일까? 바로 자신의 남편이 예수님을 영접하고 신실한 신앙생활을 하면서 교회중심의 삶으로 변화되는 것이다. 특히 혼자 교회에 출석하는 구역장급 기혼 여자리더 성도들이라면 그 간절함이 더욱 클 것이다.

　결론적으로 혼자 교회에 출석하고 있는 여자성도들의 남편들을 전도대상자로 삼아 교회에 나오도록 하면 된다.

그러나 열심히 기도하면서 전도했지만 교회에 한 번 나와 보고는 재미없다, 머리 아프다며 화를 내면서 교회에 가는 것을 거부하는 남편들이 있다. 그런 남편을 보는 여자성도들은 안타까운 마음만 가지고 있을 것이다. 또 아무리 교회에 가자고 해도 여전히 주일에는 늦게 일어나거나, 새벽부터 담배를 입에 물고 등산이나 낚시 혹은 골프를 가는 남편들도 있다. 이런 남편을 수년간 지켜보면서 그 여자성도는 아마도 더 이상의 전도를 포기한 상태에 이를 것이다. 목회자들은 이렇게 자포자기 상태에 있는 여자성도들이 다시 힘을 내도록 하는 방법을 모색해야 한다.

그것은 바로 '우리 교회에서 성경지식이 부족한 내 남편도 세워질 수 있구나!' 하는 어떤 '가능성'을 보여 주는 것이다. 이것이 바로 '남자성도가 나오는 교회'를 만드는 첫걸음이다.

1. 믿지 않는 남편 전도전략

믿지 않는 남편을 전도할 때 누구에게 부탁할까?

『같은 구역 남자성도의 도움을 받는 것이 바람직하다.』

믿지 않는 남편을 교회에 일단 나오게 할 때는 누군가의 전도가 필요하다. 아마도 이제까지 아내는 남편의 귀에 못이 박이도록 교회에 나가자고 하였을 것이다. 이제는 참신한 인물을 내세울 필요가 있다 이때 바로 같은 동네에 사는 남자성도의 도움을 받는 것이 매우 바람직하다.

다음은 온누리교회에서 구역장을 오래 섬겼던 한 리더가 들려준 이야기로, 남자성도들이 함께 기도하고 힘을 모아 교회 나오지 않는 남편을 교회로 이끈 사례이다. 온누리교회의 구역(순)은 부부가 함께 모이고, 남자구역장(순장)이 섬기고 있다. 구역모임은 가정마다 돌아가면서 가진다.

어느 한 가정의 남편은 치과의사인데 부인만 교회에 나오고 있었다. 구역장은 그 남편을 교회에 나오게 하기 위하여 아예 그 집에서 구역모임을 가지면서 만나자는 제안을 하였다. 하지만 두 번이나 그 가정에서 모였지만 그때마다 남편은 아예 모임이 끝난 뒤에야 집에 돌아왔다. 세 번째 모임에서 모든 남자구역원들은 밤 12시가 되더라도 만나고 가겠다며 그를 기다렸다.

마침내 늦게 귀가한 남편을 모든 구역 식구들이 함께 문간에서 반기며 맞이했다. 그 치과의사는 당황해 했지만, 모든 남자구역원들이 각자 자기소개를 하면서 자신도 과거에 그랬었다고 너스레를 떨며 분위기를 잡아나가자 할 수 없이 교제시간을 갖게 되었다. 그리고 구역장은 그 치과의사를 위해 우리가 이제까지 기도하고 있었다고 하면서, 어려움이 있을 때 심방도 하고 기도도 해주겠다고 하였다. 다음날 그 부인은 자신의 남편이 앞으로 구역원들이 집에 와도 좋다고 하면서 자기는 구역모임에 그냥 앉아만 있겠다고 했다는 이야기를 전했다. 그렇게 해서 이 남편은 구역모임에 참여하기 시작하고 주일예배도 드리게 되었으며, 현재는 어느 대학에 유학 온 중국유학생들을 무료로 치료해 주는 사역에 헌신하고 있다.

이 사례를 보면, 남자를 이끄는 데 남자성도의 몫이 크다는 것을 알 수 있다. 또한, 남녀성도를 분리하여 구역을 정하는 것보다 부부구역으로 전환할 때 유익할 수 있다는 것을 알 수 있다. 불신자 남편 전도는 목회자의 심방보다 같은 구역원인 남자성도의 도움으로 자연스럽게 성도간의 접촉점을 우선 만드는 것이 더 바람직하며 부담을 덜 줄 수 있다.

처음 나온 남자성도들의 수준은?

『처음 성경을 대하는 사람에게는 '검은 것'은 글자이고 '흰 것'은 종이에 불과하다.』

'꿔다 놓은 보릿자루!'

중년 남자성도들이 처음 교회에 나왔을 때 어떤 모습을 하고 있을까? 바로 '꿔다 놓은 보릿자루'이다. 입을 꼭 다물고 예배당 한 구석에 가만히 앉아 예배드리고 조용히 사라지곤 한다. 예배 후에 담임목회자나 교회 리더들이 교회 식당에서 점심 식사라도 하고 가라고 권유하면 '무슨 일이 있다' 하며 서둘러 교회 밖으로 나가버린다. 그렇다면 과연 직장과 사업장에서도 같은 모습을 하고 있을까? 아마도 맡은 업무를 수행하거나 사업장을 운영하느라 하루 종일 바삐 움직이고 있을 것이다. 점심 식사도 직원들과 어울려서 식당을 찾아갈 것이며, 직원들과 함께하는 회식자리에도 잘 참여하고 있을 것이다. 당연히 부하 직원들에게 입을 열어 힘차게 업무 지시도 잘하고 있을 것이다.

그런데 왜 교회에만 오면 입을 꾹 다물고 '꿔다 놓은 보릿자루'가 될까? 우선 교회 출석한 지 얼마 되지 않았기 때문에 기존 성도들과 서로 낯이 익지 않아 누군가하고 말을 할 형편이 못 될 것이다. 또 아직 새로운 환경에 적응하지 못해서 당연히 서먹서먹한 감정을 가지고 있기 때문에 조용히 앉아 있을 수밖에 없을 것이다. 이제 어느 정도 출석기간이 지난 후 함께 교회 식당에서 점심식사도 하고, 눈인사를 나누는 단계가 되었다고 하자. 문제는 성경을 배우는 모임이나 구역모임에서도 여전히 입을 꾹 다물고 있는 '꿔다 놓은 보릿자루' 신세를 벗어나지 못하고 있다는 것이다. 성도간에 어느 정도 교제를 하고 있는 모습을 바라볼 때, 서먹서먹한 마음을 여전히 가지고 있다고 보기에는 설명이 잘 안 된다. 나의 경험으로 볼 때 결론은 하나다. 성경에 대해 아는 것이 없어서, 즉 머릿속에 아는 성경 지식이 전혀 없기 때문에 입으로 '말할 거리'가 없어서 자연히 입을 열지 못하는 것이다. 한마디로, '검은 것'은 글자이고 '흰 것'은 종이에 불과한 셈이다.

목회자와 사모의 성향

『눈높이 목회에 한계를 가지고 있다.』

성도 중에는 젊은 시절에 조금이라도 성경을 접한 경우와 전혀 접하지 못했거나 또는 건성으로 보기만 한 경우가 있다. 그런 성도들이 중년이 되어 성경을 제대로 보려 할 때 어떻게 보일지, 성경을 잘 알고 있는 목회자와 사모는 이해하기가 힘들다. 그 이유는 무엇일까?

대부분의 목회자와 사모는 평신도일 때 출석교회에서 교회학교 교사로 섬겼다. 즉, 성경을 가르치는 교사로서 담임목회자의 사랑과 총애를 온몸에 받고 성장한 '성공한 평신도'(?)였던 것이다.

먼저 말씀부문을 살펴보기로 한다.

교회학교 교사로 섬긴 사람들은 말씀을 가르치는 은사를 받은 사람으로, 아마도 학생들을 잘 가르치기 위해 스스로 여기 저기 찾아다니며 열심히 배웠을 것이다.

따라서 말씀을 가르치는 은사를 보유한 목회자와 사모는 모든 성도들도 자신처럼 열심히 배울 것이라는 착각에서 '가르치는 데' 초점을 맞추게 된다. 결국 성경을 보면 '검은 것'은 글자이고 '흰 것'은 종이에 불과한 '꿔다 놓은 보릿자루' 신세인 남자성도를 양육하는 눈높이 목회가 불가능한 것이다.

특히 성경공부모임에서 목회자는 잘 가르치려는 마음에서 성도들에게 많은 질문을 던진다. 한번 입장을 바꾸어 생각해 보자. 성경지식이 부족하여 질문의 답을 잘 모르는 성도는 질문을 계속 당하면 당할수록, 마음속의 괴로움이 점점 더 커져만 갈 것이다. 그러한 성도는 결국 성경공부모임을 기피하게 된다.

요즈음처럼 치열한 생존경쟁시대에 남자성도들은 직장업무를 잘 수행하기 위해, 또 경쟁에서 살아남기 위해 여러 가지 공부 등 해야 할 것이 너무도 많다. 공부하느라 이미 머리가 아픈데 마지못해 나온 교회에서도 성경공부를 요구하고 있다. 처음 접하는 성경을 공부하자니 이게는 까무러칠 지경에까지 이르게 된다.

이것들이 교회에서 '꿔다 놓은 보릿자루' 신세인 남자성도들이 한 번 교회에 나오고는 다시 나오지 않게 되는 여러 이유 중에 포함될 것이다.

다음 사역부문을 살펴보자.

교회학교 교사는 담임목회자와 직접 대화가 가능한 성도였다. 교사간에 문제가 발생했을 때 담임목회자를 쉽게 만나 해결할 수 있었다. 결국 교회학교 교사는 성도들과 더불어 교회 사역을 섬기면서, 다른 리더와의 갈등으로 은혜 속에 멍들어 본 경우가 거의 없다.

은혜 속에 멍들어 있는 성도는 목회자 앞에 아예 나타나지도 않는다. 교회학교 교사출신 평신도가 목회자가 된 후에는 교회사역에 열심인 긍정적인 성도들만 접하게 된다.

따라서 교회학교 교사를 섬겼던 목회자나 사모는 성도간의 갈등에 자신을 변론하지 못하고 마음속으로 아픔을 겪는 성도가 있다는 사실조차도 잘 모르는 경향이 있다.

또한, 가르치기만 했던 교사의 특성이 이어져서 성도들에게 일방적으로 지시하는 성향을 가지기도 한다.

교회학교 교사는 담당한 반만 잘 인도하면 되므로 단독사역을 수행한 그룹이다. 따라서 교회학교 교사출신 목회자와 사모는 평신도시기에 성도들과 함께 협력하여 섬기는 사역을 해본 경험이 거의 없다. 결국 성도간의 갈등을 해결해야 하는 평신도사역팀을 조직하는 데 어려움을 주게 되는 것이다.

우선순위 결정

『'양육과 정착' '지시와 동역'』

목회자와 사모 그리고 평신도 리더들은 다음 두 가지 질문을 자신에게 해보아야 한다.

첫째, 남자성도를 교회에 나오게 하기 위하여 '양육'과 '정착' 둘 중 어디에 우선순위를 둘 것인가?

'양육'과 '정착' 중 담임목회자가 선택하는 우선순위에 따라 교회시스템은 '등록→양육→정착', 또는 '등록→정착→양육'이라는 서로 다른 실천전략이 수립된다.

대부분의 목회자들은 아마도 체계적인 양육이 필요하다며 '양육'을 선택할 것이다. 따라서 당연히 새가족반 과정을 고민할 것이며, 성경공부 교재 선택에 많은 시간을 할애할 것이다. 결국 구역장 교육에 초점을 두게 되는데 이럴 경우 보편적으로 남자성도들의 참여도는 낮아질 수밖에 없게 된다.

그러므로 이제부터는 남자성도들을 교회에 빠지지 않고 지속적으로 나오게 하기 위한 '정착 방안 수립'에 최우선순위를 두어야 한다. 그래야 체계적인 양육도 가능하기 때문이다.

둘째, 어떤 사역을 추진하기에 앞서 교회공동체의 공감대 형성을 위하여 '지시'와 '동역' 둘 중 어디에 우선순위를 둘 것인가?

권위주의 시대에서는 당연히 '지시'가 우선시되었다. 하지만 이제는 수평적인 시대에 접어들었다. 담임목회자 혼자 다 도맡아 하던 시대는 지나갔다. 담임목회자가 주도하게 되면 성도들은 수행자에 불과하게 된다. 많은 교회의 담임목회자나 최고 리더들은 '성도들이 왜 움직이지 않을까?' 하고 성도들을 탓하는 경향이 있다. 하지만 탓하기 전에 그 속에 숨어 있는 진정한 이유를 발견해야 한다. 성도들은 담임목회자의 지시에 따라 움직이기만 하는 수동적인 방식에 익숙해져 있다. 즉 담임목회자만이 누리는 '절대적 지시권'은 성도들이 능동적으로 움직이는 훈련을 받을 기회조차 가지지 못하게 만들었다. 예를 들어 교회에서 제일 안 되는 것이 학습실 등 방청소이다. 중직자들조차도 눈으로 보고 정리하면 좋겠는데 하면서도 마음속으로는 '담임 목사님이 누구 시키시겠지' 하면서 자신이 스스로 나서서 직접 행동으로 옮기지 못하는 것이다.

따라서 지금부터라도 성도들이 교회 사역전략을 함께 연구하도록 하는 '동역 마인드 정립'에 우선순위를 두어야 한다. 목회자에게 아무리 좋은 사역전략이 떠올랐다고 해도 일방적인 지시를 지양해야 한다. 성도들과 함께 의견을 나누면서 목회자의 준비된 사역전략이 반영되도록 해야 한다. 성도들과 함께 논의할 때 목회자가 미처 생각하지 못했던 부분도 발견하게 된다.

'자율훈련교회'는 목회자와 성도간의 동역을 통하여 함께 움직이면서 만들어지는 것이다.

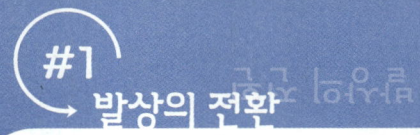

#1 발상의 전환

눈높이 목회: 기존 성도보다 '믿지 않는 남자'에게 초점을 맞추라

무슨 시스템? 현재 교회 형편 ⇔ 믿지 않는 남자

앞으로 목회할 신학생이든 현재 부교역자나 담임목회자로 교회를 섬기고 있든지 목회철학까지는 정립하지 못했더라도 나름대로 목회의 방향성을 가지고 있다. 그 방향성은 대개 자신이 리더로 평신도시기에 섬겼던 교회시스템에 기반을 두고서 이곳저곳의 목회 현장을 살펴보고 조합한 것임을 알 수 있다. 현재 교회들에 적용되고 있는 여러 가지 시스템들은 결국 '여자성도 중심의 전통적인 교회시스템'을 벗어나지 못하고 있다.

'자율훈련교회시스템'으로 '남자성도들이 세워지는 교회 만들기!' 이 말을 들으면 '양육'에 초점을 맞추고 있는 대부분의 목회자들은 우선 현재의 교회 형편과 출석성도들을 생각한다. 우리 교회는 개척교회 수준이고, 나이 많으신 여자성도들이 대부분인데 "무슨 교회시스템이 필요하냐"고까지 한다. 내가 만났던 담임목회자 중에는 심지어 내가 전하는 말을 자신이 그동안 겪었던 최고 리더와의 갈등에 비추어보면서, "우리 교회는 안 된다."며 부정적인 말만 되풀이하는 경우도 있었다. 나는 시도도 해보지 않고 포기하는 모습을 보면서, 속으로 이솝우화의 '여우와 신 포도'를 연상하면서 비교해 보았다. 이제 발상의 전환이 필요하다.

특히 이제까지 이것저것 시도하다가 흐지부지하기를 여러 번 반복했던 담임목회자가 시무하는 교회나, 담임목회자가 여러 번 바뀐 교회 중에 아직 개척 초기수준을 벗어나지 못하고 있는 교회라면 온 교회공동체가 발상의 전환을 해야 한다. 개척교회이든 중형교회이든, 도시교회이든 농어촌교회이든 교회 주변지역에는 어디나 '꿔다 놓은 보릿자루' 신세인 남자들이 살고 있다. 현재 출석하고 있는 성도도 중요하지만, 아직 교회에 나오지 않고 있는 '꿔다 놓은 보릿자루'에 해당되는 아직 '믿지 않는 남자'들에게 초점을 맞추어야 한다.

"아무개 집사님이 남편 때문에 모 교회로 옮기겠다는데요." 어느 교회 부교역자가 담임목회자에게 전하는 말을 내가 실제로 들은 것이다.

'남편들이 나오고 세워지는 ○○교회'

'당신 남편의 영혼구원을 위해서 ○○교회로 가라!'

'믿지 않는 남자'들을 교회에 나오게 하는 '눈높이 전도전략'에 기초한 '눈높이 목회'로 '자율훈련교회시스템'을 구축할 때 이런 즐거운 소문이 생길 것이다.

맥잡기

1. 믿지 않는 남편 전도전략

- '남자성도가 나오는 교회 만들기'의 첫걸음은 기혼 여자성도들에게 '성경지식이 부족한 내 남편도 세워질 수 있구나!' 하는 가능성을 보여 주는 것이다.
- 불신자 남편 전도는 부부구역의 같은 구역원인 남자성도의 도움을 받는 것이 바람직하다.
- 대부분의 목회자/사모는 과거 교사 출신이었던 자신들처럼 모든 성도들이 스스로 열심히 배우려 할 것이라고 생각한다. 또한 가르침의 특성인 지시적 성향을 가진다. 그러다 보니 결국 성도들간의 갈등을 해결해야 하는 평신도사역팀을 조직하는 데 어려움을 겪게 된다.
- 처음 나온 남자성도의 수준은 '꿰다 놓은 보릿자루' 신세라는 사실을 바로 이해하는 것이 '눈높이 목회'이다.
- 따라서 '남자성도가 나오는 교회'를 만들기 위해서는 다음 두 가지에서 우선순위를 결정해야 한다.

첫째, '양육'과 '정착' 둘 중 어디에 사역의 우선순위를 둘 것인가를 선택해야 한다. '양육' 중심을 선택하게 되면 가르침을 받을 수 있는 시간적인 여유가 많은 여자성도 중심의 전통적인 교회가 되고 만다. 따라서 남자성도들이 지속적으로 교회에 나오게 하는 '정착 방안 수립'에 최우선을 두어야 한다.

둘째, 사역 추진을 위해 '지시'와 '동역' 중 어디에 우선순위를 두어 교회공동체의 공감대를 형성할 것인가를 선택해야 한다. 담임목회자의 '지시' 중심의 리더십이 더 이상 작동하지 않는 '수평적인 시대'에는 성도들과 함께 의견을 나누면서 사역을 추진하는 '동역 마인드 정립'에 우선순위를 두어야 한다.

[발상의 전환 1 : 눈높이 목회] 현재 교회 형편과 출석 성도를 바라보면 아무것도 하지 못할 수 있다. 앞으로 하나님께서 보내 주실 '꿰다 놓은 보릿자루' 신세인 아직 '믿지 않는 남자'들의 가능성에 눈을 돌려야 한다. '자율훈련교회시스템'은 바로 그들을 교회에 나오도록 간드는 목회전략이다.

2. 남자성도 교회정착전략

남자성도가 교회모임에 계속 나오게 하려면?

『 편안, 재미, 감동이 있는 모임을 만들어야 한다.』

지속적으로 교회에 출석할 때 교회정착이 이루어진다. 이때 많은 목회자들은 주일예배 출석을 생각할 것이지만 주일예배 성수는 성도로서 당연한 것이다. 남자성도가 주일에 교회에 나오는 것만으로 만족하면 안 된다.

남편을 교회에 일단 오게 했다면 다음에는 성경공부모임 또는 구역예배 등 주일예배가 아닌 다른 모임에 계속 나오게 해야 한다. 하지만 남자성도들이 이들 모임에 잘 나오지 않기에 많은 목회자들은 고민 중일 것이다.

그렇다면 어떻게 해야 남자성도를 교회모임에 계속 나오게 할 수 있을까?

간단하다. 그 모임이 편안하고 재미와 감동이 있으면 계속 나올 것이다. 그래서 '꿔다 놓은 보릿자루' 신세인 남자성도들에게는 "안 시킬 테니까 그냥 나와만 주세요. 그리고 듣기만 하세요." 하는 눈높이 맞춤전략이 필요하다.

잠자는 성도는 어디부터 깨어나야 할까?

『입이 깨어나야 한다.』

'꿔다 놓은 보릿자루' 신세인 남자성도들에게 초점을 맞추기 위해서는 양육의 관점을 다르게 가져야 한다. '꿔다 놓은 보릿자루'는 교회에 와서 한구석에 가만히 있다 슬며시 가는 '잠자는 성도'라는 것에 우선 주목해야 한다.

잠자는 성도는 깨워야 한다. 깨우기 위한 방법으로 여러 가지를 생각해 볼 수 있다. 많은 성경지식을 가르쳐서 머리를 깨울 것인가? 잘 설득하거나 권면하여 가슴을 깨우게 할 것인가? 아니면 손? 발? 입?

대부분의 목회자나 교회 리더들은 당연히 성경지식을 잘, 그리고 많이 가르쳐서 '머리'를 깨워야 한다고 말할 것이다. 그렇다면 그러한 과정을 거쳐서 깨어난 '꿔다 놓은 보릿자루'가 과연 얼마나 될까? 어쩌면 현재 이 책을 읽고 있는 목회자나 교회 리더만 깨어났을 수도 있다. '꿔다 놓은 보릿자루'를 깨우기 위하여 이제 새로운 관점의 전략이 필요하다. 정답은 '입'이다. 어느 모임에서든지 무슨 방법을 동원해서라도, 처음 참석한 사람의 '입'이 열리게 되면 깨어났다는 증거이다.

교회 모임에 지속적으로 나오게 하려면?

『스스로 입을 열도록 만들어야 한다.』

'꿔다 놓은 보릿자루' 신세인 남자성도들이 계속 나온다는 것은 띄엄띄엄 나오는 경우도 해당된다. 이제는 모임에 빠지지 않고 지속적으로 나오게 해야 한다. 앞서 모임이 편안하고 재미와 감동이 있어야 한다고 언급했는데,

거기에 하나가 더 필요하다. 스스로 입을 열도록 만들어야 한다. 입이 열리면 구경하던 구성원에서 모임을 함께 만들어 가는 구성원으로 변한다. 그때부터 모임을 위해 집을 나서는 발걸음도 스스로 내딛게 된다.

'꿔다 놓은 보릿자루' 신세인 남자들이 처음에는 그냥 듣다가 스스로 입을 열어 이야기를 시작하도록 만드는 탁월한 프로그램이 있는데 바로 자신의 삶을 말씀을 통하여 드러내는 '말씀묵상(큐티) 나눔모임'이다. 한 가지 좋은 사례가 있다.

온누리교회의 어느 리더가 전해 주는 이야기로, 구역장을 포함하여 모든 구역원이 개인 사업을 하는 가정으로 구성되어 있는 구역에서 일어난 사례이다. 이 구역모임의 남자성도들은 별로 이야기를 하지 않을 뿐만 아니라, 가정에서 번갈아 모여야 하는 구역모임에 각 가정의 형편상 자신의 집을 공개하는 것을 꺼려하고 있었다. 상황이 이렇게 되자, 구역장은 자신의 어려운 가정 형편에도 불구하고, 2년 가까이 자신의 집을 공개하고, 목욕탕 나눔, 즉 자신의 삶을 온전히 드러내는 나눔의 모범을 지속적으로 보여 주었다. 그러자 모든 구역원들이 차츰 마음을 열고 서서히 자신의 삶을 나누기 시작하였고, 각자 사업의 어려움까지도 내놓고 함께 기도하게 되었다. 현재는 각자 자신의 집도 공개하는 결단을 하여 구역모임도 가정에서 돌아가면서 가지고 있다고 한다.

어느 모임에 성도를 정착시켜야 하나?

『부부가 함께 참여하는 구역예배』

어느 모임을 통해 성도를 정착시켜야 할지에 대한 견해는 목회자마다 다를 것이다.

새가족반을 잘 마치도록 하면 정착될 것이라고 생각하는 목회자는 새가족반 운영에 중점을 둘 것이며, 잘 가르쳐야 내 양이 된다고 생각하는 목회자는 단계별 성경공부반을 만드는 데 주력할 것이다. 또한 구역예배에 잘 나오도록 해야 한다고 생각하는 목회자는 구역원을 잘 가르칠 수 있도록 구역장(구역설교자 포함) 교육에 힘을 쏟을 것이다.

위와 같은 노력들을 여러 해에 걸쳐 안 해본 목회자는 거의 없을 것이다. 하지만 아무리 노력을 해보았어도 '꿔다 놓은 보릿자루'가 잘 정착하지 않고 있는 현실에 공감할 것이다.

우선, '꿔다 놓은 보릿자루' 신세인 남자성도를 교회에 정착시키려면 부부가 함께 참여하는 '구역'을 목표로 삼아야 한다.

구역예배를 어떻게 만들어야 하나?

『'사람 이야기'가 있는 '말씀묵상 나눔'을 한다.』

남자성도들을 정착시키는 방법을 모색하기 위해 구역예배에서 사용하는 교재별로 교회 형편을 살펴보자.

첫째, 각 교단에서 발간한 성경공부를 겸한 구역공과를 사용하는 경우이다. 이것을 채택하고 있는 교회 형편을 보면 대부분 남자구역모임이 잘 이루어지지 않고 있다.

둘째, 요즈음 주일 설교를 구역모임 교재로 활용하는 교회들이 많이 있다. 성도들이 주일예배를 마치고 교회 문을 나서며 주일 설교를 얼마나 기억할까? 주일 설교를 활용하는 담임목회자들은 성도들이 주일 설교를 더 잘 듣도록 만든다고 흡족해 한다. 그렇다면 '꿔다 놓은 보릿자루' 신세인 남자 성도들도 열심히 주일 설교를 들을까? 그들은 어차피 구역모임에 잘 나가지 않으니까, 주일 설교를 구역모임에 활용하나 안 하나 마찬가지이다.

담임목회자 입장에서 보면 오히려 매주 구역공과 교재를 준비하는 수고에 부담만 더 가지고 있을 수도 있다.

'꿔다 놓은 보릿자루' 처지인 남자들이 교회모임에 계속 나오게 하려면 편안하고 재미가 있고 감동이 있어야 한다. 성도의 교회 정착 목표지인 구역예배도 재미있게 드려야 남자성도들이 잘 나오게 될 것이다. 어떻게 하는 것이 바람직할까? 어느 개척교회 담임목회자로부터 구역예배를 재미있게 하기 위하여 시작하기 전에 성도들과 함께 3·6·9 게임을 한다는 이야기도 들었다. 하지만 담임목회자가 성도들과 매번 3·6·9 게임을 한다는 것은 어딘지 아쉬움이 남는다.

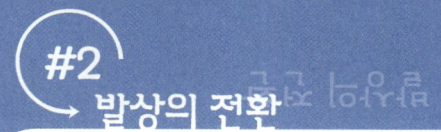

구역예배 : '쩍쩍쩍' 보다 '사람이야기'가 나오게 하라

| 구역공과, 주일설교 활용, 3·6·9게임 | | 말씀묵상 (큐티)을 왜 하는가? 사람 이야기 |

다른 사람의 '사연이 담긴 이야기들'을 듣는다는 것은 재미있다. 특히 성경말씀을 통하여 서로 자기 삶과 내면을 드러내는 이야기는 누구에게나 은혜와 감동이 넘치게 한다.

그렇다면 구역예배를 어떤 방식으로 드릴 것인가?

구역예배가 '쩍쩍쩍' 하며, 자칫 구역원들 각자의 성경지식을 자랑하는 모임으로 흐르면 곤란하다. '꿔다 놓은 보릿자루' 신세인 남자성도들이 구역모임에 지속적으로 나오게 하려면 그 모임을 재미있게 만들어야 한다. 사람 이야기는 재미있는 모임을 만드는데, 바로 '말씀묵상 나눔'을 통하여 가능하다.

아무리 초신자라도 다른 사람이 말씀묵상을 나누는 것을 한동안 듣다 보면 그 패턴을 알게 된다. 그러다가 어느 날 성경을 보면 보이게 된다. 성령님께서 깨닫게 해주시는 것이다. 그러면 스스로 입을 열어 말하게 된다.

그렇다면 구역예배에 말씀묵상이 잘 정착되려면 어떤 교재를 사용해야 하나? 범 교회차원에서 통일된 말씀묵상 교재를 채택하는 것이 바람직하다.

말씀묵상은 매일 매일 책별로 몇 절씩 이어지는 성경말씀을 접하게 하므로, 성도 스스로 말씀을 보는 눈을 열어 주는 훈련이 된다. 몇 년이 지나면 자연히 성경 전체 본문을 접하게 된다. 만일 주일 설교를 가지고 구역모임교재를 만들어 사용한다면 이런 효과를 거두지 못하게 된다. '꿔다 놓은 보릿자루' 신세인 남자성도들도 구역예배에 잘 참여하기 위해서 매일 매일 말씀묵상을 하려고 스스로 노력하게 된다.

'말씀묵상(큐티)'은 왜 하는가?

'개인 영성'을 위하여 한다고 누구나 대답할 것이다. 이제 목회 전략적으로 한 단계 더 나아가야 한다. 바로, 구역모임에 남자성도들이 잘 참여하도록 하기 위하여 말씀묵상(큐티)을 도입해야 하는 것이다.

'성경공부반'에 남자성도를 확실하게 '정착' 시키는 방법은?

『 성경지식이 부족한 남자성도는 부족하더라도 먼저 '세워져야' 스스로 도전받아 자율적으로 '성경공부반에 정착' 되어 배우게 된다. 』

말씀묵상 사역을 통하여 구역예배에 남자성도들이 잘 정착할 수 있는 방안이 마련되었다 하더라도 이것만으로 만족해서는 안 된다. 그 다음은 '양육'에 힘 쏟을 차례이다. 효과적인 남자성도 양육방법은 많은 목회자들이 풀고자 하는 숙제이다.

대부분 목회자들은 모든 성도들이 교회 봉사나 사역에 잘 참여하도록 하기 위해 잘 가르쳐야 한다고 생각한다. 이것은 성도들이 잘 배우지 않아서 교회 봉사나 사역에 헌신을 안 하는 것으로 이해될 수 있다. 그래서 목회자들은 성도들을 잘 가르쳐서 좀 더 잘 배우도록 하는 데 혼신의 힘을 쏟고 있는 것이다.

다시 '꿔다 놓은 보릿자루' 신세인 남자성도들 관점에서 생각해 보자. 그들은 어차피 배우는 것을 포기했기 때문에 목회자가 아무리 잘 가르친다고 해도 '모이지' 않는다.

남자성도에게 아무리 배우러 나오라고 해도 바쁘다는 핑계로 이리 저리 '피하는 것'이 상례이다. 이제는 목회자의 입에서조차 우리 교회 남자성도들은 바빠서 모이지 못한다고 미리 공인해 버리고 마는 형편이다.

남자성도 양육문제의 해결은 목회자가 열심히 잘 가르치기 위하여 성경공부반을 포함해서 만든 모든 학습 프로그램에 확실하게 '정착' 시키는 것이다. 결론적으로 '양육'의 성공은 '가르칠 과목'을 선정하기 전에, 성도들이 배우는 모임에 '스스로 잘 나오도록 만드는 전략'을 마련하는 데 있는 것이다.

'남자성도가 나오는 교회 만들기'의 가장 핵심전략은 '가르쳐서 세울 것인가?' 아니면 '세워서 가르칠 것인가?'를 결정하는 것이다. 즉, 앞에서 살펴본 '등록→정착→양육'을 더 구체화하는 것이다. 결국 '등록→정착→[양육→세움]'과 '등록→정착→[세움→양육]' 중 어느 방식을 채택하느냐 하는 것이다.

'꿔다 놓은 보릿자루' 신세인 남자성도들은 세운 다음에 가르쳐야 한다. 비록 그들의 성경지식이 부족하더라도 세우면 자신의 부족을 알고 스스로 학습 프로그램에 배우러 나오게 된다. 이것이 학습 프로그램에 확실히 '정착'을 시키는 방법이다. 훈련받지 않아 아직 부족하다고 생각되어도 세워야 하냐고 반문할 수 있겠다. 하지만 이제 생각을 바꿔 보자! 이때 한 가지 주의할 사항이 있다. 만일 담임목회자가 여자성도를 부족해도 믿고 세운다면 교회 공동체에 어떤 일이 벌어질까? 여자성도들간에 서로 시기심과 질투가 발동하게 되어, 아마도 교회 공동체가 조금은 삐걱거릴 것이다.

그러나 남자성도는 훈련을 받지 않아 부족하더라도 큰 문제가 발생하지 않는다. 남자성도들간에 시기는 없냐는 질문을 많이 받아 보았는데 그때마다 나는 나의 바빴던 직장생활을 떠올리며 없다고 대답하였다. 그들은 우선 마음속으로 서로 바쁜 형편에 있다는 것을 인정하면서 부족해도 세워진 후에 시간을 쪼개서 충성스럽게 헌신하는 다른 남자성도의 모습을 볼 때, 누구나 시기심보다는 존경하는 마음을 가지게 된다.

또 나는 아직 자신의 남편이 세워지지 않은 여자성도들이 세워지는 남자성도들을 시기하지 않겠느냐는 질문도 받았다. 이 대답에도 나는 그렇지 않다고 단언할 수 있다. 왜냐하면 여자성도들은 다른 성도들의 남편들이 신앙적으로 점점 성숙되어 가는 모습을 볼 때 대견한 마음을 가지게 된다. 그와 동시에 성경지식이 부족한 자신의 남편도 세워질 수 있다는 '가능성과 확신'을 갖게 되는 것이다.

성경지식이 부족한 남자성도를 믿고 세울 수 있는 방법은?

『 등록일이 오래된 순으로 세우는 '부구역장 제도'』

지금까지 교회에서 리더를 세우는 방식은 담임목회자가 훈련된 성도를 골라 세우는 것이었다. 예를 들어, 구역을 잘 이끌어 가도록 하기 위하여 훈련된 성도를 구역장으로 세우고 있는 것이다.

목회자들이 목회에서 제일 어려움을 겪는 때가 바로 구역장과 여전도회장 임직 등 연말에 새로운 리더를 세울 때이다. 왜 그 성도가 세워져야 하는지 객관적인 근거가 제시되지 않으면 세워지지 못하여 서운한 마음을 가진 리더가 교회를 떠나는 경우도 있다. 남자성도들이 나오는 교회를 만들기 위해서는 훈련받지 않아 부족하더라도 세워야 한다고 하였다. 이제는 더욱더 객관적인 근거가 제시되지 않으면 교회 공동체에 어려움이 발생하게 된다.

이러한 어려움을 해결하는 탁월한 방법이 있다. 우선 세워진 남자성도가 부담을 갖지 않아야 하고, 그 성도가 세워진 이유를 누구나 인정할 수 있어야 한다.

온누리교회에서 창립 때부터 1999년까지 실천되었던 전략이 그 좋은 사례다. 즉, 남자구역장(순장)이 섬기는 부부구역(순) 조직에 '남자 부구역장(부순장) 제도'를 도입하는 것이다.

부구역장은 남자구역장을 명목상 보좌하는 자리로, 세워진 남자성도에게 '사역의 부담'은 없고 '마음의 부담'만 주어지는 직임이다. 아울러 부구역장은 소속된 구역의 남자구역원 중에 구역장을 제외하고 등록한 지 가장 오래된 남자성도가 자동적으로 맡도록 하면 된다. 부구역장은 앞으로 구역원이 늘어나 구역을 나눌 때, 소정의 임직과정을 거치면 새로운 구역의 구역장으로 임명한다.

'남자성도가 나오는 교회 만들기'는 '꿔다 놓은 보릿자루' 신세인 남자성도를 교회에 정착시키기 위해 이렇게 '남자성도가 세워지는 교회'를 만든 다음에 '자율훈련교회'를 만들어 완성하는 것이다.

맥잡기

2. 남자성도 교회정착전략

- 남자성도를 주일예배 외의 교회 모임에 지속적으로 나오게 하려면 그 모임이 편안하고, 재미와 감동이 있어야 한다. 여기에 덧붙여서 '꿔다 놓은 보릿자루' 같은 잠자는 남자성도가 스스로 입을 열도록 만들어야 한다. 그러면 '구경꾼' 성도에서 참여하는 '구성원' 성도로 바뀐다. 여기에 수평시대, 감성시대에 요구되는 새로운 성도 양육의 방향성이 있다.

[발상의 전환 2 : 구역 예배] '꿔다 놓은 보릿자루' 같은 남자성도의 교회정착 목표지는 '부부가 함께 참여하는 구역모임'이다. 그러기 위해서는 구역 공과책이나 주일설교 활용을 통한 구역모임에서 성경말씀을 통해 서로 자기 삶과 내면이 드러나는 '사람 이야기'가 있는 '말씀묵상 나눔모임'으로 전환해야 한다.

- '남자성도가 나오는 교회 만들기'의 핵심 전략은 '꿔다 놓은 보릿자루' 신세인 남자성도를 '구역예배' 뿐만 아니라 '성경공부반'에도 확실하게 '정착' 시키는 것이다. 성경지식이 부족한 남자성도는 부족하더라도 먼저 '세워져야' 스스로 도전받아 자율적으로 나와 배우게 된다. 남자구역장이 섬기는 부부구역에 '남자 부구역장 제도'를 도입하는 것이다. 이때 부구역장은 구역장을 제외하고 등록한 지 가장 오래된 남자성도가 자동적으로 맡도록 한다.

| 자율
훈련
교회

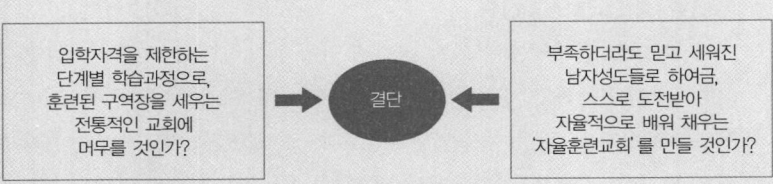

대부분의 목회자들은 교회에서 훈련되지 않은 성도를 세우면 어려움을 겪게 된다고 생각하고 있다. 그래서 '훈련된 구역장을 세우는 양육시스템'을 더 강화하고 있다. 과연 목회자들이 훈련되었다고 판단하여 세운 성도가 끝까지 문제를 일으키지 않는가? 물론 반드시 그렇지도 않다는 데 동의할 것이다.

'훈련된 구역장을 세우는 양육시스템'은 잘 모이지도 못하는 남자성도, 특별히 '꿔다 놓은 보릿자루'들을 훈련시켜 구역장으로 세운다는 가능성만 더욱 희박하게 만들 뿐이다.

그렇다면 탁월한 평신도 사역자를 어떻게 배출할 것인가?

가장 좋은 방법은 부족하더라도 먼저 세운 다음에 스스로 도전받아 자율적으로 배워 채우도록 하는 것이다.

이 과제를 이루려면 대전제가 있다. 성도들이 구역장, 집사 등으로 임직할 때에 부족해도 담임목회자가 믿어 주고 세워야 한다는 것이다. 이때 전교인 단계별 양육체계와 상관없이 필요한 소정의 단기 임직과정 교육만 받으면, 본인이 고사하지 않는 한 웬만하면 그냥 세우는 방법이다. 그렇게 일단 세운 다음에 목회자가 기도하며 인내하고 기다리면, 어느 때부터인가 맡은 직임을 잘 감당하게 될 것이다.

어떻게 하면 성도들이 스스로 자율적으로 훈련받게 할 수 있을까?
『'거룩한 부담'을 주어야 한다.』

스스로 찾아서 배우는 자율훈련! 많은 목회자들이 자신의 신앙 성장과정을 성도들과 비교하면서 안타깝게 가지는 소망일 것이다. 나는 앞에서 목회자들은 평신도시기에 교회학교 교사로서 잘 가르치기 위하여 스스로 자율훈련을 했다고 진단하였다. 그렇기 때문에 목회자가 된 후에 성도들을 자율훈련시킬 수 있는 방법을 모른다고 하였다. 여기에 아주 간단한 방법이 있다.

결론적으로 스스로 찾아서 배워 채우는 '자율훈련'은 '거룩한 부담'에서 나온다. 목회자들이 평신도시기에 교회학교 교사로서 잘 가르치기 위하여 가졌던 '거룩한 부담'과 같은 것이다.

어떻게 하면 교회에서 교회학교 교사가 아닌 모든 성도들에게도 스스로 배워야 한다는 '거룩한 부담'을 가지도록 만들 수 있을까?

    누구나 훈련을 받지 않아 부족하더라도 세워지게 되면 자신의 부족은 자기가 알게 되어 있다. 일단 세워지게 되면 맡은 직무를 잘 수행해야 한다는 부담을 가지게 된다. 이것이 바로 '거룩한 부담'으로 작동되어 스스로 찾아서 배우고 훈련받기 시작한다. 부족하더라도 세워질 수 있는 임직체제를 교회시스템에 제도적으로 적용하면 된다.

3. 남자성도 훈련전략

'꿔다 놓은 보릿자루' 신세인 남자성도들이 구역예배에 지속적으로 참여하여 교회정착을 이루었다면 다음에는 서서히 훈련시켜야 한다. 이제, 새 가족 남자성도들도 부담을 갖지 않고 스스로 알아서 자율훈련하도록 하는 교회시스템에 대해 살펴보도록 하자.

자율훈련교회 만들기 1 – 부구역장의 자율훈련이 구역원에 주는 좋은 영향

『 스스로 훈련받도록 하는 '자율훈련교회 만들기'의 시작.』

교회 등록일이 오래된 순으로 세워지는 부구역장은 자신의 부족함을 스스로 알게 된다고 하였다. 세워진 부구역장은 앞으로 구역원이 증가하여 구역이 나뉘어질 때 구역장이 되므로, '마음의 부담'이 '거룩한 부담'으로 작동되어 스스로 찾아서 미리 배우고 준비하게 된다. 이때 부구역장이 가지는 '거룩한 부담'은 구역장이 구역원을 섬기는 모습과 구역모임을 인도하는 요령도 옆에서 자세히 눈여겨보면서 익히도록 만든다.

부구역장 제도는 초신자인 남자성도에게도 자율훈련을 하도록 하는 좋은 영향을 준다. 새신자는 자신도 등록기간이 길어지면 길어질수록 언젠가 부구역장으로 자동적으로 세워지게 된다는 것을 스스로 인식하기 때문에 미리 준비하게 된다.

여자성도들도 각자 자신의 남편이 구역나눔에 잘 참여할 수 있도록 도움을 주기 위하여 '말씀묵상세미나'에 열심히 참석해서 배우게 된다.

부족하지만 믿고 세워진 남자 부구역장, 이러한 구역운영시스템이 바로 교회 온 성도들이 스스로 찾아서 배우고 훈련받도록 하는 '자율훈련교회 만들기'의 시작이 된다.

성경지식이 부족한 남자 구역장을 효과적으로 교육시키는 방법은?

『구역장 도우미 자료를 배포하여 입에 '할 말'을 넣어 주어야 한다.』

아무리 자율훈련을 한다고 하여도 일단 구역장이 되면 구역을 잘 인도해야 한다는 부담을 가지게 된다. 이것이 목회자들이 구역장을 세울 때 훈련된 구역장을 골라 세우고 있는 이유이기도 하다. 뿐만 아니라 목회자들은 구역장이 구역원들을 잘 가르칠 수 있도록 구역장 교육에도 많은 공을 들이고 있다.

목회자들은 구역장들이 구역에서 잘 가르치려면 구역장 교육시간에 열심히 받아 적도록 해야 한다고 생각할 것이다. 물론 맞는 견해이다. 하지만 과연 얼마나 많은 남자 구역장들이 구역장 교육에 참여하여 열심히 받아 적고 있을까? 여기에는 많은 담임목회자들이 입을 다물 것이다.

효과적인 남자 구역장 교육방법은 온누리교회 목회 비밀에 그 해답이 있다. 온누리교회의 구역장 교육은 교구(공동체)별로 담당 교역자의 주관 하에 매주 목요일 오전 7시부터 1시간 가량 진행된다. 그때 교회 내부자료인 구역장 도우미 자료를 배포한다. 즉 강의 내용을 열심히 받아 적도록 하는 일방적 주입식 교육방식이 아니다.

#3 발상의 전환

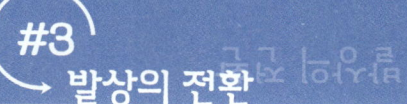

구역장 교육 : 일방적 교육보다 입에 '할말'을 '글'로 넣어 주라

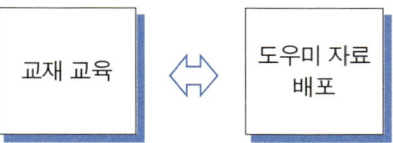

성경지식이 부족한 남자성도들을 구역장으로 세워서 구역모임을 잘 인도하도록 하려면 어떻게 교육하는 것이 효과적일까?

그들의 입에 '할 말'을 넣어 주기 위해 그것도 '글'로 넣어 주기 위해 '구역장 도우미 자료'를 배포해 주는 것이 적절하다. 교육의 효과를 높이기 위해서는 답을 쉽게 알 수 있는 질문도 그 해답을 인쇄물로 주고 보충 설명을 받아 적도록 한다. 그리고 각자 집에 돌아가서 스스로 공부하면서 해답을 더 보완하도록 하면 된다.

한 걸음 더 나가서 이제는 인터넷 시대이므로 구역장 교육시간에 참석하지 못한 구역장을 배려하여 이메일로도 보내 주기까지 지원하여야 한다.

'구역장 도우미 자료'를 가지고 구역모임을 인도하는 남자 구역장을 바라보는 교회에 처음 나온 남자성도들! 그들은 구역장으로 세워지는 데 대한 '마음의 부담'보다는 '나도 할 수 있겠다' 하는 '긍정적인 생각'을 갖게 될 것이다.

참고로 교회시스템 전략연구소에서는 말씀묵상(큐티)을 처음하는 성도들도 쉽게 할 수 있는 월간 말씀묵상지(보시니 참 좋았더라, 도서출판 말씀삶)를 채택하고 있다. 연구소에서는 '구역장 도우미 자료'를 편집진으로부터 지원받아 구역교재로 채택하고 있는 각 교회 담임목회자에게 매주 이메일로 배포하고 있다.

성경지식이 부족한 남자성도를 말씀묵상이 적용된 구역모임에 구역장으로 세우려면 어떤 자격을 갖추어야 하나?

『'구역 도우미 자료'를 활용하여 구역 모임을 인도할 수 있는 능력을 갖추면 된다.』

#4 발상의 전환

구역장 자격 : 성경지식보다 모임인도 능력에 우선을 두라

| 많은 성경지식 | | 나눔모임 인도 능력 |

전통적인 교회시스템에서는 구역장이 되기 위하여 당연히 많은 성경지식을 가지고 있어야 한다. 그래서 담임목회자는 열심히 가르치고, 또 열심을 가지고 많이 배운 성도들이 구역장으로 세워졌다. 성경을 보면 '검은 것'은 글자이고 '흰 것'은 종이에 불과한 '꿔다 놓은 보릿자루' 신세인 남자성도들에게는 쉽게 올라가지 못할 나무인 것이다.

구역장과 구역 설교자(혹은 교사)를 이원화하여 구역모임을 운영하는 교회도 있다. 이럴 경우 구역장이 구역을 인도하는 부담이 없더라도, 설교자가 참석 못하는 경우를 대비하여 어느 정도 성경지식을 갖추어야만 된다. 그뿐만이 아니라 구역장의 리더십이 구역원 전체에게 온전히 실리지 않는 아쉬운 점이 있다. 이런 방식이라면 이 또한 '궈다 놓은 보릿자루' 처지인 남자성도들에게 구역장은 먼 이야기이다.

충분히 훈련받지 않은 남자성도를 부족하지만 믿고 세울 때 많은 담임목회자들은 의문을 가질 것이다. 아무리 말씀묵상 나눔을 하는 구역 모임일지라도 구역 모임을 인도하다가 구역원의 질문에 막힐 수 있기 때문이다. 하지만 성경지식이 풍부한 여자성도들이 남자 구역장이 무안을 당하지 않도록 지혜롭게 그 부분을 채우도록 하는 것이다. 자신의 남편도 부족하지만 장차 구역장으로 세워질 것이기 때문이다. 바로 여기에 부족하더라도 남자 구역장을 세워야 하는 이유가 있는 것이다.

그렇다면 부족한 남자성도를 구역장으로 세우려면 어떤 자격을 갖추어야 하나?

결론적으로 배포된 '구역 도우미 자료'를 활용하여 구역 모임을 인도할 수 있는 능력만을 갖추면 되는 것이다. 새가족일지라도 처음 구역에 배치된 후 남자 구역장이 인도하는 것을 늘 보아 왔기 때문에 자신도 모르는 사이에 인도하는 요령을 터득하게 된다.

자율훈련교회 만들기 2 – 일대일 사역 프로그램의 새로운 발견

『'거룩한 부담'으로 자율훈련의 동기부여, 기존 성도들에게 새로운 바람을 일으켜서 교회 활성화를 촉진, 그리고 성도 접촉점 다양화로 '꼼짝 마라' 새가족 관리시스템을 이룬다.』

'거룩한 부담'으로 자율훈련의 동기부여하기

'부구역장 제도'와 더불어 '일대일 사역 프로그램'은 '자율훈련교회'를 만드는 데 탁월한 프로그램이다. 일대일 나눔 교사는 교사반을 마치면 누구나 될 수 있도록 문이 항상 열려 있다. 학습반을 마치고 자신이 부족하다고 생각하여 교사반을 들어가지 않은 성도들이 있을 수 있다. 그들은 언젠가는 교사가 되어야 한다는 '거룩한 부담'을 가지게 된다.

또 아무리 자신이 잘 안다고 생각하여도 다른 사람을 가르치기 위해서는 항상 부족하다고 생각하기 마련이다. 그 부족감도 역시 '거룩한 부담'을 낳는다. 자신의 부족함을 스스로 아는 일대일 나눔 교사도 무언가 스스로 찾아 열심히 배우려고 한다. 그런 배움의 열심을 채워 주기 위해서 목회자는 반드시 스스로 골라서 들을 수 있는 '선택식 성경공부반'을 다양하게 개설하여야 한다.

'내 양은 내가 먹여야 한다!'며 담임목회자들은 성도들을 자신만이 도맡아서 잘 가르쳐야 한다고 생각한다. 물론 당연한 말이다. 하지만 성도들에게 가르치는 사역의 장을 마련해 주는 것이 더 효과적일 수 있다. 남을 가르칠 때 가르치는 사람이 오히려 더 잘 배우게 된다. 배울 때는 그냥 지나쳐도, 가르치기 위해서는 반드시 알아야 한다.

이제 목회자들은 평신도가 잘못 가르칠까 염려하기보다는 믿고 맡기는 결단을 해야 한다. 온누리교회의 하용조 목사도 창립 초기에 '일대일 사역 프로그램'을 채택할 때, '이것은 제2의 종교개혁이다!'라고까지 말하면서 훈련된 특정 교사만이 아니라 전체 모든 성도들에게 가르치는 권한을 위임하는 결단을 하였다.

평신도 양육과 성장에 대한 목회자 인식의 한계

나는 '일대일 사역 프로그램'을 도입한 목회자들을 만나면서 아쉬움을 느끼는 경우가 종종 있었다. 대부분의 목회자들의 관심은 목회자 자신이 가르치는 '교사반'에만 있었다. 즉, 자신이 잘 가르쳐서 좋은 교사를 배출해야 한다고만 생각하는 것이다.

결국 목회자에게 배운 성도가 일대일 나눔 교사가 된 후 학습반에서 성도를 가르치면서 '스스로 얼마나 성장할까?'는 전혀 생각하지 않고 있다. '자율훈련교회'는 성도 양육과 성장에 대한 목회자의 인식 전환에서 시작된다. 이제 '내 양은 내가 먹여야 한다!'는 생각에서 과감히 벗어나야 한다.

새벽 2시까지 스스로 공부하는 성도를 배출하는 프로그램이 일대일 나눔 성경공부이다. 기존 성도들을 확실하게 그리고 지속적으로 재훈련시킬 수 있는 탁월한 방법이 성도들에게 가르치는 사역의 일부를 위임하는 것임을 다시 한번 강조하고 싶다.

기존 성도들에게 새로운 바람을 일으켜서 교회 활성화를 촉진시키기

흔히 말씀묵상(큐티)은 '개인영성'을 위하여 필요한 양육 프로그램이라고 말한다. 앞에서 나는 말씀묵상을 한 걸음 더 나아가 '남자성도가 나오는 교회 만들기' 관점에서 새롭게 분석하였다.

'일대일 사역 프로그램'도 '여자성도 중심의 전통적인 교회'에서 '남자성도가 나오는 교회'로 전환시키는 관점에서 새롭게 바라볼 필요가 있다.

담임목회자들은 교회에서 무언가 새로운 것을 시작하려 할 때 온 교회 공동체가 열심을 내어 참여하기를 소망하고 있다. 우선 최고로 열심을 내어 다른 성도들에게도 좋은 유익을 줄 수 있는 성도 그룹을 만들어야 한다. 그 성도들이 자신의 성장을 스스로 알 수 있도록 할 때 교회 공동체를 향한 지속적인 열심을 유지할 수 있다. 즉, 가르치는 은사를 받은 성도들에게 가르치는 사역의 장을 열어 주는 것이다.

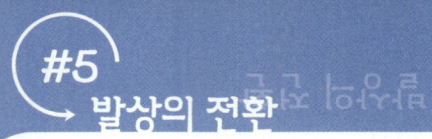

#5 발상의 전환

교회 활성화 : 수동적 학습에서 반복으로 가르치는 장을 제공하라

1회성 교육/훈련 학습자 가르치는 은사자에게 반복사역의 장 제공

　모든 목회자는 교회를 새롭게 하기 위해 여러 가지 시도를 한다. 그 시도는 대개 무언가 새로운 것을 가르치는 것에서 시작되지만 이 역시 성도들 입장에서 보면 여전히 배우는 과정이 반복되는 것이다. 이제는 매번 일회성으로 배우는 학습자 성도들의 마음이 점점 '나를 더이상 괴롭히지 마시오!' 로 변해간다는 것을 알아야 한다.

　교회를 새롭게 한다는 말은 결국 성도들이 교회사역에 활발하게 참여하고 움직여야 한다는 사실을 전제로 한다. 그렇다면 먼저 성도들 중에 가장 활발하게 참여하는 그룹을 찾아보아야 한다. 나는 교회학교 교사처럼 가르치는 은사를 받은 그룹이 이에 해당한다고 본다. 하지만 안타깝게도 교회학교 교사는 학생 수에 따라 고정되므로 일부 성도에 국한된다. 따라서 교회학교 교사 외에 모든 성도 대상으로 가르치는 은사자 그룹의 열정을 활성화시키는 것이 교회에 새로운 바람을 가장 빨리 일으키는 전략이 된다. 특히 기도 잘하는 장로나 권사급 리더들은 대부분 가르치는 은사를 가지고 있다. 교회 최고 리더들을 새롭게 활성화시키는 것은 교회갱신을 위한 목회성공의 지름길이다.

　'내가 이 교회에서 훈련받아 신앙과 사역에서 이만큼 성장했구나!' 라고 말하는 성도는 어떤 성도일까? 이 역시 교회에서 열심히 참여하고 움직이는 성도일 것이다. 그렇다면 자신의 성장을 쉽게 스스로 알도록 하는 방법도 강구해 볼 필요가 있다.

　우선 자신의 성장을 안다는 것은 사역에서 맡은 직임이 높아질 때 가능하다. 하지만 아주 탁월한 또 다른 방법이 있다. 같은 사역을 반복해서 섬길 때 자신의 성장을 스스로 인식하게 된다. 다시 말하면 어떤 고정된 기준점이 있다면 쉽게 자신의 성장을 확인할 수 있게 된다는 것이다.

　결론적으로 교회 활성화를 위한 가장 효과적인 방법은 가르치는 은사를 받은 성도들에게 반복하여 섬길 수 있는 사역을 제공하는 것이다. 다루는 교재가 계속 바뀌면 얼마나 성장했는지 가늠하기가 쉽지 않은 반면, 같은 교재를 반복해서 다루게 되면 매우 쉽게 가늠할 수 있다.

　일대일 나눔 성경공부는 평신도 교사가 한 교재를 반복해서 다루게 되어 있다. 처음에는 떨리는 마음으로 학습자를 가르친다. 하지만 학습반을 한 번 두 번 마치면서 교재를 점점 더 쉽게 다루는 자신을 스스로 발견하게 된다. 이때 자신이 신앙과 가르치는 사역에서 얼마나 성장했는지 스스로 인식하게 되는 것이다. 그러한 성도가 많아지면 많아질수록 교회는 더 힘차게 그리고 지속적으로 활성화된다.

정탐차 방문한 성도들도 대부분 가르치는 은사를 받은 성도들이다. 이들에게 평신도가 평신도를 가르치는 사역의 현장을 정탐케 함으로써 스스로 등록하는 계기를 마련해 주는 역할을 하는 것이다. 따라서 일대일 학습반은 가능한 주일 예배시간 사이에 본당에서 하도록 할 필요가 있다. 이렇게 하면 아직 일대일 학습반에 연결되지 않아 대기하고 있는 기존 성도들에게도 기대감을 높이는 목회적 유익까지 유발하게 된다.

'꼼짝 마라! 새가족관리시스템'을 이루기

일대일 사역은 목회자의 목회방향에 성도들이 한 마음으로 참여하도록 유도하는 프로그램이 될 뿐만 아니라, 교회 온 공동체가 하나가 되도록 하는 데도 목회적 유익을 준다.

구역 중심으로 모일 때 성도가 늘면 늘수록 구역이 달라져 서로 잘 모르게 된다는 것은 정말 아쉬운 점이다. 더 심해지면 구역간에 눈에 보이지 않는 벽까지 생기게 된다. 바로 이 구역간의 벽을 허무는 데 일대일 나눔 성경공부가 효과적인 프로그램으로 활용될 수 있다.

#6 발상의 전환

성도 접촉점 : 구역간의 철옹성 벽을 깨는 접촉점을 만들라

| 구역장
(구역간 철옹성 벽) | ⇔ | 새가족반 교사
구역장
일대일 교사
큐티나눔방장
사역팀원 | ⇐ | '건강목회시스템
111 전략'의 꽃
'꼼짝 마라!
새가족관리시스템' |

    구역중심의 교회에서 성도들은 소속된 구역의 구역장이나 구역원들과 주로 만나게 된다. 목회자뿐만 아니라 구역장급 평신도 리더들에게 질문을 하나 해보았다.
    "구역간에 벽이 있는 것을 아십니까? 그것도 철옹성 벽을 느끼십니까?"
    이 질문을 들은 목회자 중에 어느 분은 이런 대답을 하였다. "맞아! 우리 교회에 다른 교회 목사가 와서 우리 교회 성도들과 이야기하는 것을 보면 싫지." 구역장급 리더들은 이 말에 공감할 것이다. 아마 자신이 담당하고 있는 구역원과 다른 구역의 구역장이 서로 이야기하고 있는 것을 보면 마음이 별로 좋지 않을 것이다.
    교회의 온 성도들은 예수 그리스도 안에서 하나가 되어야 한다. 이제 건강한 교회가 되려면 구역간의 철옹성 벽을 깨야만 한다. 그 방법은 성도들간의 개인적인 접촉점을 다양화하는 것이다. 이것은 아직 교회에 적응하지 못하고 있는 '꿔다 놓은 보릿자루' 신세인 남자성도들이 나오는 교회를 만들기 위해서도 꼭 필요하다.
    먼저 새가족반에서 새가족반 교사와 만나도록 한다. 이 경우 새가족반 교사는 예배도우미 역할을 할 수 있다. 거주지역 기준으로 조직된 구역에 배치된 다음에는 구역장과 연결된다. 일대일 나눔 성경공부 학습반에서 일대일 나눔 교사와 접촉점을 가지게 된다. 말씀묵상 나눔모임에서 나눔조장이나 나눔방장을 또 만나게 된다. 마지막으로 각 사역팀에서 또 다른 성도들과 접촉점을 가지게 된다. 이중에 일대일로 연결되는 새가족반과 일대일 나눔 성경공부 학습반은 성도간에 사랑의 띠를 잇는 프로그램이다. 이때 평신도가 평신도를 말씀을 가지고 가르치는 사역인 새가족반과 일대일 나눔 성경공부 학습반은 최대 4명까지 가르치도록 제한해야 한다. 4명을 초과하면 특정 평신도 리더에게 성도들이 집중되어 교회 공동체에 덕이 되지 못하는 경우가 발생될 수도 있다. 특히 일대일 나눔 교사는 자신이 전도한 새가족을 등록시킨 다음에 일대일 학습반에 연결하여 양육하도록 한다. 이 방식으로 새가족 정착률을 높일 수 있다.
    이것이 바로 '남자성도가 나오는 교회'를 만드는 '건강목회시스템 111 전략'의 꽃인 '꼼짝 마라! 새가족관리시스템' 이다.

성경공부에 스스로 참여하도록 만드는 양육체계
『스스로 선택하는 성경공부』

'남자성도가 나오는 교회'를 만들기 위해서 '남자성도를 단계별로 어떻게 양육할 것인가?'도 함께 연구해야 한다. 이것은 교회마다 필요한 '양육체계를 어떻게 정립할 것인가?'와 같은 이야기이다.

훈련된 구역장을 세우는 '타율훈련교회'에서 목회자들이 갖는 공통된 고민이 있다. 이전에 다루었던 좋은 교재를 다시 가르치려고 해도 이미 배운 성도들이 있기 때문에 다시 사용할 수 없는 것이다. 따라서 어느 좋은 교재를 채택하여 열심히 가르치고 있는 도중에도 고민하게 된다. '다음에는 또 무엇을 가르치나?'

성도들 입장에서도 마찬가지 아쉬움이 있다. 열심히 참석해서 배우려 했지만 여러 사정으로 몇 번밖에 참석하지 못할 수 있다. 그런데 또다시 개설되지 않기 때문에 다시 배울 수 없게 된다. 새가족반 교재도 마찬가지이다. 다시 한번 더 배우고 싶어도 이미 기성 신자가 되어 버렸기 때문에 새가족반에 다시 들어갈 수가 없다.

그렇다면 '자율훈련교회'의 목회자들은 가르치면서 무엇을 생각할까?

'자율훈련교회'의 성경공부는 선택식으로 개설해야 한다. 선택할 수 있도록 여러 과목을 개설한다는 것은 그중에는 반복하여 개설하는 과목도 있다는 것을 전제하고 있다. 따라서 목회자가 다음에는 무엇을 가르칠까 고민하지 않게 된다. 준비가 부족했으면 이미 했던 과목을 다시 개설하면 된다. 또 좋은 교재라면 주중이나 주일에 시간을 바꾸어 계속 채택하여 가르칠 수 있다. 주중에도 성도들이 나오는 교회는 건강하게 성장하는 교회이다.

그리고 남는 시간에 다음을 위하여 열심히 교재를 개발하면 된다. 다시 반복해서 듣는 성도들도 스스로 선택했기 때문에 당연히 열심히 배운다.

'자율훈련교회'의 목회자들이 가르치면서 갖는 생각은 '이번에는 무엇을 개발하나?'이다.

이와 같이 각종 프로그램을 선택식으로 개발할 때 교회사역자들은 다양한 컨텐츠를 개발하는 능력을 보유하게 된다. 엘리트 담임목사, 엘리트 부교역자 그리고 엘리트 평신도사역자를 배출하는 교회가 된다. 우리는 '자율훈련교회시스템'으로 남자성도의 리더십을 확립한 온누리교회를 벤치마킹하여 분석할 필요가 있다.

창립 20년 만에 다양한 프로그램을 개발하여 위성방송으로 매일 24시간 방영할 수 있는 컨텐츠를 보유하게 된 온누리교회 양육시스템의 비밀은 무엇일까? 또 온누리교회는 훈련된 구역장을 세우는 전통적인 교회의 구역장 임직과정과 무엇이 다른가?

결론적으로 양육체계에서 각종 성경공부가 선택식으로 개설되어 있고 구역장임직과정과 연계되어 있지 않다. 즉 성도들에게 성경공부반이 '뷔페식'으로 개설되어, 그들은 각자 자신이 원하는 과목을 스스로 골라 먹는다.

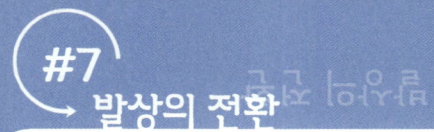

양육체제 : 성경공부를 구역장 임직과 분리하라

| 성경공부를 구역장 임직과 연계 | | 성경공부를 구역장 임직과 분리 |

훈련된 구역장을 세우는 전통적인 교회의 양육체계를 살펴보자. 성도들은 먼저 새가족반에서 교회마다 준비한 교재를 가지고 공부한다. 그 다음은 대개 출시된 교재를 가지고 성경공부를 하면서 단계별 훈련을 받고 있다. 대부분 교회는 그러한 과정을 마친 훈련된 성도들을 대상으로 구역장에 임명한다. 결국 성경공부와 구역장 임직과정이 서로 연계되어 있기 때문에 배우는 목적이 구역장이 되는 데 있다. 그렇다면 구역장이 되기를 포기한 '꿔다 놓은 보릿자루' 신세인 남자성도들은 교회 등록과 동시에 배워야 하는 목적이 없게 될 수 있다.

훈련된 구역장을 세우는 교회의 양육체계는 목회자가 개설한 과목을 무조건 배워야 하는 '타율훈련'이다. '꿔다 놓은 보릿자루' 처지인 남자성도들의 입장에서 보면 부족한 성도를 억지로 가르쳐 힘들게 하는 시스템이 될 수 있다. '타율훈련교회'에서 아무리 새로운 성경공부반을 개설하여도 성도들의 참여도가 낮은 것은 당연한 결과이다.

양육시스템은 '자율성'을 바탕으로 '타율성'이 조화를 이룬 양육방법을 모색하여야 한다. 성경지식이 부족한 남자성도를 믿고 세우는 구역시스템에서 구역장 임직은 최대 12주 정도 단기 교육과정을 이수하도록 한다. 따라서 현재 대부분 교회에서 구역장을 배출하기 위하여 단계별로 개설하고 있는 성경공부(혹은 양육 프로그램)과정이 구역장 임직교육과 연계되지 않는 시스템이라고 보면 된다.

'자율훈련교회'는 무언가 '하려는' 성도를 '할 수 있도록' 만들어 줌으로써 이들을 바라보는 '꿔다 놓은 보릿자루'인 남자성도들에게 도전을 주는 시스템이다. 자율훈련은 무엇을 배울 것인지 성도들이 각자 스스로 선택할 수 있다는 것을 전제로 하고 있다. 스스로 선택해서 배우는 성도는 단 한 명이 수강하더라도 열심을 내어 배우게 되어 있기 때문이다.

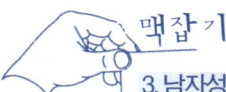

3. 남자성도 훈련 전략

- 남자성도를 훈련시키는 가장 효과적인 방법은 성경지식이 부족하더라도 먼저 믿고 세우는 것이다. 이때 '거룩한 부담'이 작동하여 스스로 도전받아 자율적으로 배워 채워가게 된다.

[자율훈련교회 만들기 1] '부구역장 제도'의 자율훈련은 다른 구역원들에게도 자율훈련을 하도록 하는 좋은 영향을 준다. 새가족 남자성도도 도전을 받아 미리 준비하게 된다.

[발상의 전환 3 : 구역장 교육] 성경지식이 부족한 남자 구역장을 효과적으로 교육시키려면, 교역자를 통한 강의식 '교재 중심의 구역장 교육'에서 그들의 입에 '할 말'을 '글'로 넣어 주는 '구역장 도우미 자료'로 전환해야 한다.

[발상의 전환 4 : 구역장 자격] 구역장을 세우는 자격기준을 '많은 성경지식'에서 '나눔 모임 인도 능력'으로 전환해야 한다.

[자율훈련교회 만들기 2] '일대일 사역 프로그램'의 새로운 발견 : '가르침의 사역'을 담임목회자가 독점하는 것에서 평신도에게 가르치는 권한을 위임함으로써, 일대일 나눔 성경공부 교사들에 의한 '자율훈련교회'로 옮겨갈 수 있다. 일대일 학습반을 마친 성도라면 누구나 교사가 될 수 있도록 문을 열어 놓으면, 그들에게 '거룩한 부담'을 느끼게 해준다. '거룩한 부담'에 의해 작동된 이들의 '학습욕구'를 충족시켜 줄 수 있도록, '선택식 성경공부반'을 다양하게 개설해 놓아야 한다.

[발상의 전환 5 : 교회 활성화] 가르치는 은사를 가진 기존 리더 그룹에게 '가르치는 사역의 장'을 마련해 주는 것이 교회 활성화를 이루는 지름길이다. 특히 같은 교재를 반복해서 다루도록 하면 각자 신앙과 가르치는 사역에서 자신의 성장을 스스로 발견하게 된다. 이러한 성도가 많아지면 많아

질수록 교회는 더 힘차게 그리고 지속적으로 활성화되어 간다.

[발상의 전환 6 : 성도 접촉점]   교회 모든 성도들이 예수 그리스도 안에서 하나가 되는 건강한 교회를 만들려면 구역장에 의한 '구역간 철옹성 벽'을 깨야 한다. '새가족반 교사, 구역장, 일대일 나눔 교사, 큐티 나눔방장, 사역팀원'으로 성도 접촉점을 다양화시켜야 한다. 특히 일대일 나눔 교사에 의해 전도된 새가족은 거주지역의 구역에 배치하고, 등록한 다음에 일대일 학습반으로 연결하여 양육하면 새가족 정착률도 높이게 된다. 이것이 '남자성도가 나오는 교회'를 만드는 '건강목회시스템 1:1 전략'의 꽃인 '꼼짝 마라! 새가족관리시스템'을 구축하는 것이다.

- 양육체계 – 선택식 성경공부반 개설 : '남자성도가 나오는 교회'를 만들기 위해서는 '남자성도를 단계별로 어떻게 양육할 것인가' 하는 교회 양육체계 수립에 대해 함께 연구해야 한다. 훈련된 구역장을 세우는 '타율훈련교회' 목회자들이 갖는 고민은 '다음에는 또 무엇을 가르치나?' 하는 좋은 교재 채택에 대한 것이다. 하지만 '자율훈련교회'의 목회자의 고민은 '이번에는 무엇을 개발하나?' 하는 선택식 성경공부반 개설에 대한 것이다. 성도들에게 성경공부반이 '뷔페식'으로 개설되어, 각자 자신이 원하는 과목을 '스스로 골라 먹는 시스템'이다. 결국 다양한 컨텐츠를 개발, 제공할 수 있게 될 뿐만 아니라, 이러한 컨텐츠를 개발할 수 있는 능력을 가진 엘리트 사역자(교역자 및 평신도)를 배출하는 교회가 된다.

[발상의 전환 7 : 양육체계]   훈련된 구역장을 세우는 '타율훈련교회'에서 '꿔다 놓은 보릿자루' 같은 남자성도들에게 도전을 주는 '자율훈련교회'로 전환하려면, 교회 양육체계를 바꿔야 한다. 성경공부를 반드시 이수해야만 하는 "'타율훈련'식 구역장 임직과 연계된 양육체계"에서 성경공부를 구역장 임직과 분리하여 스스로 선택하여 참여케 하는 "'자율성'을 바탕으로 '타율성'이 조화를 이룬 양육체계"로 전환해야 한다.

4. 남자성도 참여전략

남자성도가 교회 사역에 잘 참여하도록 하려면?

『스스로 선택할 수 있는 사역팀을 조직한다.』

나는 훈련된 구역장을 세우는 구역중심의 전통적인 교회들을 컨설팅하면서 아쉬운 점을 발견하였다. 바로, 평신도들이 움직이는 사역은 있는데 사역팀으로 조직되어 있지 않다는 것이다. 평신도 사역팀이 잘 조직되어 있는지 알아보기 위하여 주보를 살펴보면 즉시 알 수 있다. 대개 안내담당자와 봉헌담당자의 이름이 기재되어 있다. 이 사역은 당장에 안내부서와 봉헌부서로 조직할 수 있다.

목회자들은 성도들이 각자 맡은 사역을 확실하게 섬기도록 하기 위하여, 직무별로 이름을 지정하여 임명하였을 것이다. 그러나 지정된 성도가 급작스런 사정으로 섬기지 못할 경우가 발생할 수 있다. 이때 이름이 지정되어 있으면 다른 성도가 대신 섬기기 곤란하다. 부서로 조직하면 부서 담당 리더가 섬기거나 다른 부서원이 대신 섬기도록 하여 사역의 공백을 메울 수 있게 된다.

결국 담임목회자는 연간계획으로 누구를 순서대로 세워야 할지, 또 결원 시 누구를 대신 충원해야 할지 고민하지 않아도 된다.

특정 사역에 섬기는 성도를 지정하면 다른 성도가 그 사역을 섬기기 원해도 신청하지 못하게 만든다. 궁극적으로 봉사에 헌신하는 성도를 제한하게 된다.

'자율훈련교회시스템' 접촉점 분석

『특정 성도나 부교역자에게 성도들이 집중하지 못하도록 한다.』

'꿔다 놓은 보릿자루' 신세인 남자성도들이 나오는 교회를 만들기 위해서 스스로 선택하여 참여할 수 있는 다양한 접촉점이 필요하다.

이제 남자성도뿐만 아니라 모든 성도들이 교회에 잘 정착하도록 하기 위한 바람직한 교회접촉점 구조를 살펴보기로 한다.

성도가 가지는 바람직한 교회접촉점은 다음 두 가지 관점을 가지고 분석해야 한다.

우선 성도들이 교회생활을 하면서 성도간에 어려움을 겪을 때 잘 해결할 수 있는 방향을 모색해야 한다. 아울러 교회가 성장하면서 부교역자들이 많아질 때 교회가 담임목회자 중심으로 목회적 안정을 가지지 못하는 경우를 대비해야 한다.

- 구역에서 상처받은 성도는 어떻게 관리할 것인가?
- 부교역자 관리는 어떻게 할 것인가?

'구역(확대되면 교구)중심의 전통적인 교회시스템'을 살펴보자.

구역에서 상처받아 구역모임에 출석하지 않고 있는 성도가 있다면 어떻게 될까? 교구담당교역자나 담임목회자와 상담했어도 문제가 해결되지 않을 수 있다. 그 성도는 구역 외 다른 접촉점을 가지지 못한다면 결국에는 교회를 떠나게 될 수도 있다.

부교역자가 성도들과 가지는 접촉점이 교구만 있다면 특정 부교역자에게 성도들이 집중될 수가 있다.

이것이 구역중심의 교회에서 담임목회자들이 부교역자들에게 교회학교나 청년/대학부만 주로 담당하게 하는 이유인지도 모른다.

이러한 아쉬운 점을 해결하기 위하여, 교회시스템은 성도와 성도간 그리고 성도와 부교역자간의 접촉점을 다양화하는 구조를 가져야 한다. 다양한 접촉점은 출신 지역이나 학교 등 끼리끼리 모여 당을 짓게 되는 것을 방지하게 한다. 그리고 성도들이 한 사역을 섬기다가 마음에 어려움이 생겼을 때, 자신이 원하는 또 다른 분야의 사역으로 쉽게 이동하여 참여할 수 있게 한다. 결국 어떠한 어려움을 만나더라도 교회를 떠나는 상황까지 가지 않는다.

성도가 적은 개척교회는 성도들이 서로 잘 알 수밖에 없다. 이 경우에도 '구역'과 '사역'에서 서로 다른 접촉점이 만들어지도록 독립된 조직운영시스템을 구축해야 한다.

기존의 '구역중심의 전통적인 교회시스템'에서 '자율훈련교회시스템'으로의 전환은 '단일구조'에서 다음의 그림과 같은 '다중구조'로 네트워크화하는 것이다.

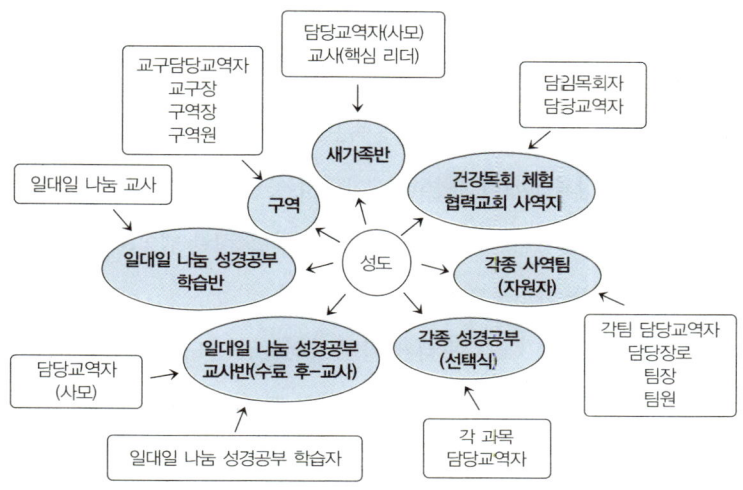

〈자율훈련교회시스템 접촉점 구성〉

문제성도는 어떻게 만들어지나?

『단짝에서 사고 난다.』

평신도 때 교회학교 교사 출신으로 성공한 평신도인 목회자와 사모는 교회를 섬기면서 아픔을 겪는 성도의 마음을 잘 모르는 경향이 있다. 또한, 표면적으로 드러나는 성도의 말이나 반응이 어떤 의도를 가지고 있으며, 목회자가 생각하는 방향과 전혀 다르다는 것도 잘 모르고 있다.

예를 들어보자. 어느 담임목회자는 대표기도자가 강단 위로 올라가 설교 강대상에서 기도하는 것을 추진하였다. 하지만 최고 리더는 "담임 목사님만이 가실 수 있는 성스러운 강단 위로 어떻게 평신도가 올라갈 수 있느냐?" 하며 반발했다. 이 리더의 마음을 한번 헤아려 보자. 대부분의 목회자들이 생각하는 것처럼 진정으로 담임목회자를 존경해서 그럴 수도 있다.

하지만 다른 리더들은 담임목회자의 의견에 순종하여 동의하는데 왜 혼자만이 유독 반대하면서 못하게 할까? 여기엔 두 가지 마음이 있을 수 있다.

첫째, 사실은 최고 리더 또한 마음속으로는 좋은 의견이라고 찬성할 수 있다. 하지만 결정과정에서 자신이 관여하지 못한 소외감이 무조건 거부하는 마음으로 변질될 수 있다. 따라서 반대하는 목소리를 냄으로써 자신의 존재를 부각시키려는 의도를 가지고 있을 수 있다.

둘째, 강대상에서 기도를 드리게 되면 자신뿐만 아니라 기도순서자인 모든 리더들이 동일하게 배려받게 된다. 따라서 이제까지 교회서열을 따라 최고 리더의 위치에 있는 자기의 선을 넘지 말라는 경고성 발언일 수 있다. 장로 피택 선거 시 득표순위가 얼마나 중요하게 여겨지는지를 보면 공감할 것이다.

다음은 "교회의 존재 목적은 섬기는 데 있다."고 한 온누리교회 하용조 목사의 말이다.

"교회가 왜 문제가 되는지 아세요? 오래 교회 다닌 사람이 왜 문제가 되는지 아세요? 거기가 자기 그라운드니까 그래요. '이거 누가 감히 내 영역을 침범하느냐?' 이거예요. 그래서 그 장로님 이상 되는 사람은 교회에 못 오게 되어 있어요. 오면 발로 차버리거든. 왜? 자기 영역이 무너지니까. 자기 수준 정도로만 만들어 버리는 거예요."(1997년 '온누리사역축제(OMC)' 주제강의 4강 '새신자 목회')

이제야 이해하지 못했던 지난 모든 상황이 해석될 것이다.

목회자와 사모는 등대와 같다. 등대가 바다에 떠 있는 배들을 항구로 인도하듯이 목회자와 사모는 성도들을 잘 이끌고 돌보아야 한다. 그러나 등대의 한계가 있다. 수평선 안쪽의 배만 보게 되고, 수평선 너머에 있는 배는 볼 수 없는 것이다. 교회에서도 마찬가지이다. 목회자와 사모의 눈에는 현재 잘 움직이고 있는 성도만 만나게 된다. 교회에서 소외되거나 서운한 마음을 가지게 되어 방황하는 성도는 아예 목회자와 사모의 눈앞에 나타나지 않는다.

결국 우리 교회는 아무 문제 없고 잘 되고 있다고 착각할 수 있다. 기존의 목회 방법을 그대로 유지하고 있을 때는 아무 일이 발생하지 않는다. 그러나 무언가 새로운 것을 하려고 하면 문제가 발생된다. 그동안 소외됐거나 서운했던 마음이 담임목회자가 새로 추진하는 일에 투사되어 아예 시행하지 못하도록 제동을 걸게 되는 수도 있다.

교회컨설팅을 하면서 나는 '목회자들이 미리 성도들의 마음을 헤아려서 조치를 취했더라면 큰 갈등으로 번지지 않았을 텐데.' 하는 아쉬움을 갖는 경우가 많았다.

성도의 마음을 알기 위해서 문제성도는 어떤 과정을 밟아서 만들어지는지 살펴보아야 한다.

현재 문제리더라고 생각되는 분들의 과거 교회사역을 돌아보자. 사실 맡은 일을 잘하고 또 빨리 끝냈던 유능한 리더가 대부분이다. 그런데 어느 때부터인가 목회자나 성도들과 부딪치고 있다.

이는 두 가지 유형으로 분석할 수 있다. 유능한 리더가 나름대로 열심히 일하는 다른 성도를 보면서 마음에 차지 않아 말로 '조언' 하는 경우이다. 평신도 사역에서 '조언' 은 한 번으로 족하다. 두 번 이상이 되면 '조언' 이 아니라, '참견' 하는 것으로 받아들이게 된다. 자칫 "그럼 당신이 해라!" 하며 조언하는 리더에게 하던 일을 내던질 수도 있다. 이것은 성도간에도 마찬가지이다.

또 하나는 어느 성도가 목회자나 다른 평신도 리더와 서로 '단짝' 이 되어 열심히 사역을 배우며 섬겼던 경우이다. '배우기 위해 따르던 성도'가 어느 정도 배우게 되면 자신의 의견을 내게 된다. 그때부터 '배움을 주던 리더'는 자신의 자리를 빼앗기지 않으려고 한다. 리더 적체현상이 발생된 것이다.

'배우기 위해 따르던 성도'는 배운 다음에는 나름대로 자기 생각대로 추진하려고 한다. 그리고 자신의 입지를 강화하려고 한다. 그렇게 되면 서로간에 갈등이 생길 수밖에 없다.

다음 사례도 마찬가지이다. 이제까지 담임목회자의 총애를 받던 유능한 평신도가 있었다고 하자. 담임목회자의 권유가 없는 상태에서 유능한 평신도가 신학교에 가겠다는 이야기를 먼저 꺼냈을 때, 둘 사이에 일어나는 '관계와 감정변화'와 같다고 보면 된다.

결국 '단짝'에서 사고가 나게 된다. 따라서 오직 예수님과 단짝이 되어야 한다는 것을 명심해야 한다.

문제성도가 만들어지는 것을 방지하려면?

『리더 적체현상 방지, 사역의 독점방지 그리고 사역 노하우 독점방지를 이루어야 한다.』

문제성도가 만들어지는 것을 방지하려면 다음 세 가지가 필요하다.

첫째, 차세대 리더가 세워질 때 발생하는 리더 적체현상을 해결해야 한다. 그 방법은 여러 평신도 사역팀을 조직하여 많은 직임을 만드는 것이다. 그래야 차세대 리더를 위하여 섬기던 사역을 떠나도, 다시 리더로 섬길 수 있는 다른 사역이 있게 되어 아쉬움이 덜하게 된다.

둘째, 특정성도가 독점하지 못하도록 관리하여야 한다. 독점방지는 조직

차원의 팀사역이 이루어지도록 하고, 사역팀 리더 임기제를 적용하면 해결된다.

셋째, 각자 자신이 알고 있는 사역 노하우를 성도들이 서로 공유할 수 있도록 '사역지침서'도 작성하여야 한다. 글로 사역의 직두 분담을 명확히 하여 월권을 방지하도록 한다. 월권을 방지하지 않으면, 자칫 다른 성도를 부리다가 담임목회자까지 부리게 될 경우도 생길 수 있다.

이제까지 대부분 교회의 사역은 입으로 지시하고 지시를 받았다. 현재 대부분의 교회사역은 여자리더들이 맡고 있다. 이제 남자성도들에게 어떻게 지시할지를 고민해야 한다. 입으로 '지시'하는 것도 반복하면 반복할수록 '참견'으로 받아들여질 수 있다. 말로 이야기하는 것에는 개인의 감정이 실릴 수가 있다. 문제성도는 감정이 쌓여서 만들어진다. 감정을 없애려면 '글'로 이야기하여야 한다.

또 말로 하면 자꾸 전할 때마다 덧붙여지게 된다. 잘못하면 전혀 다른 방향으로 전달될 수 있다. '글', 즉 '사역지침서'로 이야기하면 변하지 않는다.

자율참여교회 만들기

『 제안과 반영, 헌금과 예산 배정 』

많은 목회자들은 성도들이 스스로 사역에 잘 참여하지 않는 것을 고민한다. 열심히 공을 들여 어느 사역을 섬기도록 했는데, 담임목회자의 얼굴을 보아서 수동적으로 참여하는 경우가 많다. 성도들이 자율적으로 참여하는 교회를 만들려면 먼저 '왜 수동적인 성도가 되었을까?'를 생각해 보아야 한다.

대부분 목회자들의 특징은 지시 성향이 강하다는 것이다. 성도들이 안 움직이기 때문에 더 큰소리를 내야 한다고 하는 목회자도 있다. 그들은 아직도 자신이 교회학교 교사인 양 장년 성도들을 주일학교 학생으로 대하고 있는 것이다.

또는, 자신이 무엇이든지 다 해야 한다는 생각을 가지고 있다. 새로운 것을 알면 더 발전시키기 위해 성도들과 함께 머리를 맞대는 것이 아니라 자신이 전부 빨리 배워서 성도들에게 모든 것을 다 지시하려고 하는 경향을 가진 것이다. 하용조 목사는 "교회의 위기는 목사가 주인공이 되는 데 있다."라고 지적한 바 있다(1997년 '온누리사역축제(OMC)' 주제강의 5강 '양육체계').

지시받는 성도는 항상 수동적일 수밖에 없다. 목회자들은 성도들이 안 움직인다고 탓하기 이전에 초등학교 줄반장처럼 지시하는 습관을 버리고 성도들과 함께 동역하는 마음을 가져야 할 것이다.

성도들은 자신의 제안이 교회사역 현장에서 반영되고 개선되는 것을 눈으로 확인할 때부터 능동적으로 움직인다. 이 또한 목회자와 어느 특정 성도 간에 일대일로 제안되는 시스템이면 곤란하다. 자칫 어느 특정 성도의 제안에 교회 온 성도들이 울며 겨자 먹기 식으로 끌려 다니는 어려움에 처할 수 있기 때문이다.

성도의 제안은 사역팀에서 나오고, 사역팀원들과 연구하고 보완하여 함께 교회를 발전시켜 나가는 시스템이 되어야 한다.

남자성도가 교회사역에 자율적으로 참여하도록 하려면, 제도적인 장치로 '사역 운영체계'를 마련해서 뒷받침해 주지 않으면 안 된다. 바로 교회 예산운용부문으로 '교회 회계처리 업무규정'을 마련해서 사전, 사후 예산관리를 해야 한다.

#8 발상의 전환

자율참여교회 만들기-Give and Take! : 사역팀에 예산을 배정하라

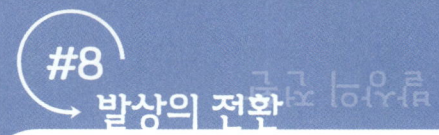

'Give and Take!'는 '사회성'이라고 말할 수 있다. 세상에서의 인간관계도 주고 받는 게 있어야 자주 만나게 되고 좋은 관계가 이루어진다. 성경에도 "남에게 대접을 받고자 하는 대로 너희도 남을 대접하라"(눅 6:31)는 말씀이 있다.

교회에서도 마찬가지이다. 무조건 헌신만 강요하던 시대는 지났다. 평신도사역팀에 성도들이 잘 참여하고 열심을 내어 헌신할 수 있도록 하기 위해서는 '주고 받는 것'이 있어야 한다. 성도들이 자신이 내는 헌금을 교회예산으로 각자 섬기는 사역팀의 사역비로 배정받아 직접 사용할 수 있어야 한다. 도대체 헌금이 어떻게 사용되는지 오리무중이고, 주먹구구식으로 필요에 따라 즉흥적으로 지출된다면 의문과 불신만 가중될 것이다.

연말이 되면 사역팀마다 다음 회계 연도 예산계획을 세워 신청하고, 교회예산위원회에서 조정한 후 배정되어야 한다. 교회예산은 예배예산은 당연지출로 하고, 전체 사역팀 예산은 비당연지출로 편성하여야 한다. 목회자의 사례비조차도 관리사역팀의 예산으로 반영시켜야 한다.

'아! 헌금이 이렇게 사용되는구나!' 각자 섬기는 사역팀 예산집행의 투명성은 교회 전체 예산집행의 투명성을 인정하는 시작이 된다. 교회예산을 투명하게 관리하고 집행하는 목회자에 대한 신뢰가 밑바탕되어야 자율적인 교회로 성공한다.

4. 남자성도 참여전략

- 남자성도를 교회사역에 자율적으로 참여시키려면, '임명식 사역담당자 제도'에서 '스스로 선택하여 참여케 하는 사역팀 제도'로 전환해야 한다.
- 남자성도가 교회사역에 잘 참여하도록 하기 위하여 다양한 교회접촉점 구조를 만들어야 한다. 특정 부역자와 특정 성도가 연결되는 '구역중심의 전통적인 단일구조'에서 '네크워크화된 다중구조'로 전환되어야 한다.

  구역중심의 전통적인 단일구조 : 성도들의 교회접촉점이 구역중심이다. 따라서 구역에서 상처받은 성도들을 관리할 수 없게 되고, 특정 부교역자에게 성도들이 집중되는 문제점이 발생할 수 있다.

  네크워크화된 다중구조 : 끼리끼리 모여 당을 짓게 되는 것을 방지할 뿐만 아니라 어려움을 만나더라도 교회를 떠나는 아쉬움이 발생되지 않게 된다.

- 문제성도가 만들어지는 것은 자기 영역을 침범하는 것을 원천봉쇄하려고 하거나 자신의 입지를 강화하려고 하는 '리더적체현상'에서 비롯된다. 이는 '예수님'과 '단짝'이 되지 않고, '사람'끼리 '단짝'이나 '자리'와 '단짝'이 된 데에서 사고가 나게 되는 것이다.
- 이러한 문제성도가 만들어지는 것을 방지하려면 첫째, 다양한 사역팀을 조직하여 많은 직임을 만듦으로써 리더적체현상을 해소하고 둘째, 사역팀 리더 임기제를 적용하여 사역이 독점되지 않도록 방지하고 셋째, 사역지침서를 작성함으로써 사역 노하우를 특정인만이 독점하지 못하도록 하는 교회시스템을 만들어야 한다.

[자율참여교회 만들기] 그렇다고 해도 교회 내에는 아직 수동적인 성도들이 많이 있게 된다. 이는 담임목회자가 모든 것을 자신이 다 해야 한다는 생각을 가지고 있기 때문에 생겨나는 자연스런 결과이다. 모든 것을 자신이 배워서 성도들에게 다 지시하려는 경향이 많은 담임목회자들이 교회 내 모든 사역의 주인공이 되려고 하기 때문이다. 지시받는 성도는 항상 수

동적일 수밖에 없다. 하지만 각자 섬기는 사역팀의 운영에 대하여 성도의 의견이 자유롭게 제안되고, 그 제안이 담임목회자에 의해 받아들여져서 사역팀에서 구현되는 것을 '제안한 성도'가 '직접 목격'하게 만들어야 한다. 이때부터 수동적인 성도들이 자발적으로 참여하는 '자율참여교회'가 된다.

[발상의 전환 8 : 자율참여교회 만들기 – Give and Take!] 각자가 섬기는 사역팀에 대해 예산을 배정하고, 이를 투명성 있게 집행하게 되면 성도들의 열심과 헌신을 이끌어낼 수 있게 된다.

1. 믿지 않는 남편 전도 전략
2. 남자성도 교회정착 전략
3. 남자성도 훈련 전략
4. 남자성도 참여 전략
5. 남자성도 활동 전략

5. 남자성도 활동전략

기존의 평신도사역 리더십 체계는 어떠한가?

『'교구'와 '제직회 부서' 그리고 '남·여 전도회'가 분리된 조직으로, 리더는 동급으로 세워져 있다.』

이제까지 대부분 교회의 평신도사역은 '구역(확대되면 교구)조직'과 '제직회 부서'와 '남·여 전도회(혹은 선교회)'를 중심으로 이루어지고 있었다. 전통적인 교회시스템의 구역은 구역장을 중심으로 예배를 드리고, 교구 담당 교역자와 더불어 구역원 성도들을 돌보는 '목양조직'에 해당된다.

⟨ '여자성도 중심의 전통적인 교회시스템'의 리더십 체계⟩

따라서 진정한 의미의 평신도사역은 '제직회 부서'와 '전도회'의 사역이다.

'제직회 부서'는 집사급 이상 리더 대상으로 직무 분야별로 조직되어 있다. '전도회'는 친교목적 부서로 대개 남자와 여자를 연령대로 구분하여 조직되어 있고, 개별 전도회마다 사역을 기획·집행하고 있다.

'여자성도 중심의 전통적인 교회'에서 '교구'와 '제직회 부서' 그리고 '남·여 전도회'는 각각 분리되어 있기 때문에 리더가 동급으로 세워져 있는 시스템이다.

'평신도전문사역이 가미된 교구시스템'과 '평신도전문사역이 가미된 프로그램' 도입에 따른 문제 분석

최근에는 그동안 평신도사역이 활성화되어 있지 않고 있던 '여자성도 중심의 전통적인 교회'에 '평신도전문사역이 가미된 교구시스템'과 '평신도전문사역이 가미된 프로그램'이 도입되어 교회가 활성화되었다. 많은 교회의 목회자들에게 상당한 반향을 불러일으키고 있지만, 시간이 지나면서 기존 평신도사역 부서와 조화를 이루지 못하는 아쉬움이 발생되기 시작했다.

그 결과, 개교회 안에서 발생된 갈등이 도입한 교회마다 기존에 세워진 리더들이 전체적으로 공감하는 문제로 외부에 드러나기 시작했다.

조화를 이루지 못하는 원인은 다음 두 가지로 분석할 수 있다.

첫째, '평신도전문사역이 가미된 교구시스템'을 가진 교회의 평신도 사역은 기존의 '제직회 부서'의 사역 기능과 '남·여 전도회'의 사역 기능을 '교구 조직'이 흡수하는 형태가 된다.

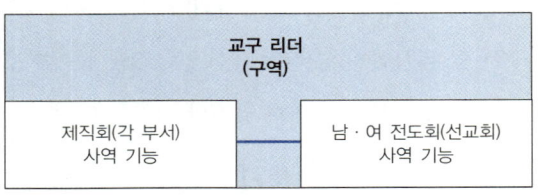

〈'평신도전문사역이 가미된 교구시스템'의 리더십 체계〉

　이렇게 되면 기존의 제직회의 '각 부서'와 '전도회'의 사역이 목양조직인 교구 리더에 의해 통합적으로 시행되는 것이 된다. 교회 안에서 리더들간의 갈등이 발생되는 것은 당연한 결과이다.

　그러나 이 시스템은 교구 담당 부교역자들이 가장 선호하는 리더십 체계이다. 왜냐하면 교구 담당 부교역자들이 교구 운영뿐만 아니라 교회사역도 주도할 수 있기 때문이다. 그렇게 되면 특정 부교역자에게 성도들이 집중되어, 교회에 덕이 되지 못할 수가 있다. 또 평신도 리더들간의 갈등이 부교역자 선에서 걸러져서 담임목회자에게 온전히 전달되지 않는 아쉬움을 갖는 조직이 될 수 있다. 자칫 교구간 교구 담당 리더나 부교역자간의 경쟁이 생기면, 교구들 사이에 경쟁심만 불러일으켜서 교회 공동체가 하나가 되지 못하는 우려도 있다.

　둘째, 그동안 '여자성도 중심의 전통적인 교회시스템'의 평신도사역은 일부 부서를 제외하고는 전반적으로 조직은 있으나 움직이지 않는 아쉬움이 있었다. 교회 규모가 적은 경우에 '평신도전문사역이 가미된 프로그램'이 들어오게 되면, 교회의 온 사역 에너지와 재정이 새로운 프로그램에 집중하게 된다.

　결국 새로운 사역 프로그램이 기존의 '교구'와 '제직회 부서' 그리고 '남·여 전도회' 사역에 우선하여 추진되는 형편에 이르게 된다.

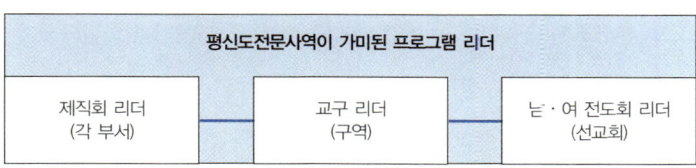

〈'평신도전문사역이 가미된 프로그램'의 리더십 체계〉

또 이제까지 나름대로 교회사역에 열심히 참여하던 성도들도 활동성을 가진 새로운 사역 프로그램을 접할 때, 그 새로운 사역조직에 헌신하는 것은 당연한 일이다. 그렇게 되면 담임목회자의 관심은 성도들 앞에서 마이크를 잡고 새로운 사역 프로그램을 재미있게 주도하는 리더에게 쏠리게 되어 있다.

비록 이제까지 움직이지 않고 있는 조직일지라도, 이미 세워져 있는 기존 리더들의 소외감은 교회 안에 갈등이 발생하는 시작이 된다.

결론적으로 교회 안의 갈등을 해소하려면 '목양 기능'과 '사역 기능'을 분리해야 한다. 그래야 두 기능의 평신도 리더십이 부딪치지 않고, 각자 소속된 사역의 장에서 교회를 열심히 섬기게 된다. 아울러 부교역자와 성도간의 접촉점도 다양해지므로, 교회에 덕을 이룰 수 있게 된다.

〈교회 안의 갈등 해소를 위한 리더십 체계〉

조직은 있는데 성도들이 왜 안 움직이는 것일까?

> 『'교회 부서조직 운영체계'는 전문사역팀체제로 사역에너지를 집중해야 하고, '사역부서의 리더십 체계'에서 평신도사역팀은 반드시 담당 교역자체제로 안수집사급 팀장중심으로 운영되어야 한다.』

이제 '목양 기능 리더십'과 '사역 기능 리더십'을 분리해야 교회 안의 갈등이 해소될 것이라는 데 누구나 동의할 것이다. 지금부터 같은 사역 기능을 가진 '제직회 부서'와 '남·여 전도회' 조직체계를 연구해야 한다. 일반 사회나 회사도 마찬가지이지만 한 '조직' 안에 같은 기능을 가진 '집단'들이 공존한다면, 두 '집단' 사이에 갈등이 발생될 뿐만 아니라 추진 에너지가 분산되어 '조직'조차 효율적으로 움직이지 않게 된다.

교회 안에서도 어떻게 하면 '제직회 부서'와 '남·여 전도회'를 기존에 세워진 두 조직의 리더십이 부딪치지 않고 확실하게 움직이는 조직으로 다시 갱신시킬 수 있을까?

나는 교회컨설팅 사역을 섬기면서 많은 목회자들을 만났다. 목회 통찰력을 가지고 있는 담임목회자들은 '자율훈련교회시스템'을 접하면서, 성도들이 사역부서를 스스로 선택하지 않고 교회에서 개인 은사와 열정에 상관없이 임명했기 때문이라고 진단한다. 맞는 진단이다.

그러나 목회자들이 잘 이해하지 못하는 '더 큰 문제'가 있다. 나는 일반 기업체에서 회사조직생활을 17년간 했었다. 직장생활 경험으로 볼 때, 나는 '교회 부서조직 운영체계'와 '사역부서의 리더십 체계'에 문제가 있다는 사실을 발견하였다.

하지만 '교회 부서조직 운영체계'는 교회마다 창립 때부터 '제직회 부서'와 '전도회 조직'으로 리더십 체계가 세워져 있고, 성도 자신들도 기존

운영방식에 적응되어 있기 때문에 쉽게 바꾸기 어렵다.

'사역부서의 리더십 체계'도 역시 쉽게 바꾸기 어렵다. 많은 담임목회자들은 부교역자들과 성도들이 가까워지는 데 부담을 가지고 있거나 우려를 하고 있기 때문이다.

21세기 현대사회는 수평적이고 통합적인 전문화 시대이다. 기존의 '교회 부서조직 운영체계'와 '사역부서의 리더십 체계'도 그러한 시대를 살고 있는 성도들이 교회사역에 잘 참여할 수 있도록 개선되어야 한다.

온누리교회시스템은 이미 1985년 창립 시부터 수평적이고 통합적인 평신도전문사역팀 체제로 조직되고 발전하였다. 나는 1994년부터 온누리교회에 출석하기 시작하여, 2003년까지 새가족, 일대일 그리고 열린예배사역팀을 섬겼었다.

그리고 잠시 온누리교회 간사로 또 두란노 100만큐티운동본부에서 팀장으로 평신도사역을 체험할 수 있었다. 그리고 교회시스템 전략연구소를 섬기면서 여러 교회의 목회자와 사모 그리고 평신도 리더들을 만나면서 바람직한 평신도사역의 방향성을 정립할 수 있었다.

'교회 부서조직 운영체계'와 '사역부서의 리더십 체계'를 각각 진단하기 위하여, 먼저 성경에 제시된 하나님의 방법을 알아보고 우리는 거기에 순종해야 한다. 그리고 변화에 대한 기존 리더들의 저항을 없애기 위하여, 기존의 운영상황에 대한 상세한 진단이 필요하다. 진단 결과에 따른 '남자성도가 나오는 자율훈련교회의 사역운영체계'는 평신도를 '스타'로 만들 수 있는 온누리교회시스템을 기반으로 제시하였다.

교회 부서조직 운영체계

성도들이 각 조직에서 열심히 사역을 섬기고 있어도 큰 힘을 발휘하지 못하는 이유는 무엇일까?

'여자성도 중심의 전통적인 교회'의 평신도사역을 살펴보면 '제직회 부서'는 부서마다 고유의 직무를 실천하고 있다. '구역(확대되면 교구)'과 '남·여 전도회(연령별 회마다)'에서는 나름대로 여러 사역을 기획해서 실천하고 있다.

하지만 여러 조직의 실천사역을 종합적으로 살펴보면 사실 유사한 사역이 중복되고 있음을 알 수 있다. 결론은 사역 추진 에너지가 분산되어 있다는 데 그 원인이 있는 것이다.

그렇다면 어떻게 사역을 추진하는 힘이 최대한 발휘되도록 만들 수 있을까? 해결방안은 '교회 부서조직 운영체계'를 갱신하는 것이다.

구약성경에 제시된 하나님의 방법 : 연령대 구분 없는 분야별 전문사역팀 조직

"행진할 때에 아론과 그 아들들이 성소와 성소의 모든 기구 덮기를 필하거든 고핫 자손이 와서 멜 것이니라 그러나 성물은 만지지 말지니 죽을까 하노라 회막 물건 중에서 이것들은 고핫 자손이 멜 것이며"(민 4:15).

"게르손 가족의 할 일과 멜 것은 이러하니 곧 그들은 성막의 앙장들과 회막과 그 덮개와 그 위의 해달의 가죽 덮개와 회막 문장을 메이며 뜰의 휘장과 및 성막과 단 사면에 있는 뜰의 문장과 그 줄들과 그것에 사용하는 모든 기구를 메이며 이 모든 것을 어떻게 맡아 처리할 것이라"(민 4:24-26).

"그들이 직무를 따라 회막에서 할 모든 일 곧 그 멜 것이 이러하니 곧 장막의 널판들과 그 띠들과 그 기둥들과 그 받침들과 뜰 사면 기둥들과 그 받침들과 그 말뚝들과 그 줄들과 그 모든 기구들과 무릇 그것에 쓰는 것이라 너희는 그들의 맡아 멜 모든 기구의 명목을 지정하라 이는 제사장 아론의 아들 이다말의 수하에 있을 <u>므라리 자손의 가족들</u>이 그 모든 사무대로 회막에서 행할 일이니라"(민 4:31-33).

하나님께서는 출애굽 후 광야 생활에서 성막을 옮길 때 자손별로 직무를 나누어서 전담시키셨다. 하나님의 방법은 삼십 세 이상 오십 세까지 일할 만한 모든 자(민 4:3, 23, 30, 35)를 계수하여 연령대 구분 없이 분야별로 전문사역팀을 조직하여 담당시키는 것이다.

이렇게 함으로써 사역에너지를 분산하는 조직이 아니라 집중시키는 조직을 만들라는 것이다. 그 결과 사역의 전문성은 물론 사역 노하우의 발전을 이룰 수 있다.

이것은 현대교회의 평신도사역도 범교회 차원에서 장년층 성도들의 연령대를 구분하지 않고, 같은 분야의 은사와 열정을 함께하는 성도들을 모아 전담시키는 조직이 되어야 한다는 것을 알려주고 있다.

'전통적인 교회시스템' 진단 : 사역에너지 분산 조직체계

'여자성도 중심의 전통적인 교회'의 '남·여 전도회'와 '구역(확대되면 교구)'에서 실천되는 주요 사역을 '제직회 부서'의 직무를 기준으로 분류해 보면 다음과 같다.

제직회	사역 기능		목양 기능
	남전도회(선교회) [연합/연령별 회 조직]	여전도회 [연합/연령별 회 조직]	구역 (교구)
예배부	단합야외 예배	부흥회 안내 봉사, 성찬예식봉사	구역예배
전도부	선교지 방문예배, 미자립 교회 방문	노방전도, 병원 입원환우 전도, 의료선교 후원, 군선교, 구치소 전도, 외국인선교 후원, 미자립교회 방문	교구 심방
교육부	성경공부, 신앙세미나, 신앙수련회	수능기도회, 구국기도회, 문학강좌, 성경필사 시상	–
재무부	–	–	–
봉사부	척사대회, 친교 야유회, 체육대회, 걷기대회, 등산대회, 자연보호캠페인	효도 관광, 경로잔치, 식당봉사, 교회 청소, 교회내 환경정리, 고아원/복지관 청소봉사, 송구영신예배 차 대접	친교모임
음악부	성가찬양대회	–	–
구제부	장애우/고아원 방문, 구제심방	독거 노인/장애인/소년소녀가장을 위한 도시락 봉사, 경조사 챙기기	경조사 챙기기
새신자부	신입회원 환영회, 회원 가정 심방	신입회원 환영회	–

〈 '여자성도 중심의 전통적인 교회' 의 평신도사역 직무 분류표 〉

이것을 분석해 보면 이들 네 그룹의 평신도사역이 중복되어서 실천되고 있음을 알 수 있다. 더욱 전도회(선교회)는 연령대별로 나누어져 있어 통합적인 사역을 다양하게 할 수 없다.

결국 실천 부서조직이 나뉘어져서 사역에너지가 분산되기 때문에, 성도들이 나름대로 사역을 열심히 섬기고 있지만 큰 힘을 발휘하지 못하는 것이다.

움직이는 '교회 부서조직 운영체계' : 사역에너지를 집중시키는 분야별 전문사역팀체제로 전환

어떻게 하면 기존에 세워진 '제직회 부서' 와 '남·여 전도회' 의 리더십이 부딪치지 않으면서 확실하게 움직이는 조직으로 갱신시킬 수 있을까?

평신도사역팀이 잘 움직이도록 하려면, 하나님의 방법대로 '교회 부서조직 운영체계' 를 갖추는 것이 필요하다. 하나님의 방법은 범교회 차원에서

'사역 에너지를 집중'시키기 위하여 '전문사역분야별로 통합사역팀'을 조직하여 운영하라는 것이다.

기존에 임명직으로 세워진 '제직회 부서'와 '남·여 전도회'의 리더십이 부딪치지 않으려면, 각자의 은사와 열정에 맞는 전문사역에 '새로운 비전'을 가지고 다시 모여야 한다. 앞의 표에서 알 수 있듯이, 성도들은 이제까지 각 교회 부서조직에서 어느 형태로든지 활동하고 있었기 때문에 자신의 은사와 열정이 무엇인지 각자 쉽게 알 수 있다.

당연히 새가족도 참여하여야 한다. '꿔다 놓은 보릿자루' 처지였던 초신자 남자 사역팀원의 열심은 기존 성도들에게 '자기성찰'과 '자발적인 분발'을 촉구하게 된다. 아울러 이미 이전 교회에서 훈련받은 수평이동 새가족도 기존 성도들의 시기심과 질투심 없이 교회사역에 참여시키고 세울 수 있는 길이 열린다.

성도들은 각 사역팀에 스스로 지원을 하지만, 부서별 담당 교역자와 담장 장로는 매년 교회에서 임명하여야 특정 부교역자와 특정 리더에게 성도들이 집중되지 않는다.

'사역분야별로 통합사역팀'을 조직하면 사역의 전문화를 이루게 된다. 분야별 전문사역자를 배출하여, '스타' 부교역자와 평신도사역자를 배출하게 된다. 사역 프로그램도 다양화되고, 사역의 질도 향상되는 목회적 유익이 있다.

좋은 실천 사례가 '전문사역분야별 통합사역팀' 체계로 운영되는 온누리교회에 있다.

교계에 제일 잘 알려져 있는 프로그램으로 일간지에서도 주목받는 '스타' 평신도사역자가 배출된 '아버지학교'가 있다. 교회 안에서 시작하여 차츰 초교파 사역으로 사역의 지경을 넓혀서, 이제는 전 세계로 뻗어나가고 있다.

그리고 '맞춤전도'가 있다. 어느 부교역자와 광고기획회사를 운영하는 평신도사역자가 기도하며 시작한 프로그램이다. 여러 담당 교역자와 사역자를 거치면서 다양한 전도 대상층을 향한 프로그램으로 개발되어, 이제는 지상파 TV방송국과 연계한 프로그램까지 실천되고 있다.

사역부서의 리더십 체계

조직은 있는데 소속된 성도들이 잘 움직이지 않고 있는 이유는 무엇일까?

'제직회 부서'와 '전도회' 중심의 평신도사역 조직은 교회 규모가 적을수록 장로, 권사나 안수집사 등 평신도 리더 중심으로 운영되고 있다. 하지만 조직은 있는데 소속된 성도들이 잘 움직이지 않고 있다.

결론적으로 '남자성도들이 나오는 자율훈련교회'를 만들기 위하여 평신도사역팀이 잘 움직이도록 하려면, 각 평신도 사역부서를 담당 교역자체제로 안수집사급 팀장중심으로 운영하여야 한다.

그러나 많은 담임목회자들은 부교역자들이 성도들과 가까워지는 데 부담을 가지고 있거나 우려를 하고 있기 때문에, 성경에 제시된 하나님의 방법 연구와 상세한 배경 설명이 요구된다.

신약성경에 제시된 하나님의 방법 : 사도(목회자)의 기도와 말씀이 함께 하는 평신도사역

"그때에 제자가 더 많아졌는데 헬라파 유대인들이 자기의 과부들이 그

매일 구제에 빠지므로 히브리파 사람을 원망한대 열두 사도가 모든 제자를 불러 이르되 우리가 하나님의 말씀을 제쳐 놓고 공궤를 일삼는 것이 마땅치 아니하니 형제들아 너희 가운데서 성령과 지혜가 충만하여 칭찬 듣는 사람 일곱을 택하라 우리가 이 일을 저희에게 맡기고 우리는 기도하는 것과 말씀 전하는 것을 전무하리라 하니 온 무리가 이 말을 기뻐하여 믿음과 성령이 충만한 사람 스데반과 또 빌립과 브로고로와 니가노르와 디몬과 바메나와 유대교에 입교한 안디옥 사람 니골라를 택하여 사도들 앞에 세우니 사도들이 기도하고 그들에게 안수하니라 하나님의 말씀이 점점 왕성하여 예루살렘에 있는 제자의 수가 더 심히 많아지고 허다한 제사장의 무리도 이 도에 복종하니라"(행 6:1-7).

초대교회에서 일곱 일꾼을 세워 구제사역을 돌보도록 한 것은 평신도 긍휼사역팀이 조직되었음을 말해 준다. 이때 사도들은 기도와 말씀으로 권면하는 데 전념하고, 실제 직무는 일곱 일꾼 중심으로 실천되도록 한 것이다.

이것은 현대교회의 평신도사역에 교역자가 함께 참여하여 이들과 함께 사역을 의논하면서 기도와 말씀으로 권면하고, 실무는 평신도사역자들에 의해 실천되어야 한다는 것을 알려주고 있다.

'전통적인 교회시스템' 진단 : '사역부서의 리더십 체계' 혼란

'사역부서의 리더십 체계'의 혼란에서 야기되는 '성도간의 갈등문제'를 진단하기 위하여 담임목회자와 부교역자들은 한 가지 질문에 맞서야 한다.

담임목회자나 부교역자가 어느 평신도사역부서 모임을 주관하고 마친 후 방을 나갔다고 하자. 그 방에는 후속 실무모임을 갖기 위해 부서원인 평신도사역자들만 모여 있게 된다. 자 이제부터 그 방의 분위기는 어떻게 될까?

그 상황은 겪어 본 사람만 안다. 목회자가 회의를 주관하던 바로 직전까지 서로 협력하여 잘할 것 같고 분위기도 좋았는데, 갑자기 싸늘해지며 긴장감이 돌기 시작하기 쉽다. 이제까지 교회 안에서 성도간에 있어 왔던 여러 가지 상황에 따른 복합적인 요인이 있기 때문이다. 그러나 대부분의 목회자들은 방을 나갔기 때문에 그러한 분위기를 잘 모르는 경우가 많다.

담임목회자는 실무회의 결과를 대개 사역팀 리더인 위원장이나 부장으로부터 듣게 된다. 만일 사역팀 리더와 사역팀원간에 갈등이 발생되었다면, 사역팀 리더는 담임목회자에게 회의 상황을 자신에게 유리한 방향으로 왜곡시켜 전할 수 있다. 담임목회자를 직접 만나지 못하는 부서원들은 담임목회자에게 자신을 변론할 기회가 없다. 그렇게 되면 '은혜 속에 멍드는 성도'가 나올 수 있다.

또 목회자들이 부교역자로 교회를 섬기기 시작한 과정에 따라 장년평신도사역에 대한 상황이해가 각기 다르다.

고등학교를 마친 후 신학교에 바로 들어갔거나, 일반대학교를 마친 후 신학대학원을 바로 간 목회자들은 이러한 긴장과 갈등상황을 거친 경험이 전혀 없다. 왜냐하면 고등부 주일학교 학생에서 대개 바로 교육전도사가 되었거나, 대학부나 청년부 리더로 헌신하다가 교육전도사로 교회를 섬기기 시작하였기 때문에 평신도로 장년사역부서를 섬길 기회가 없었다.

그러나 평신도 리더로 교회를 오랫동안 섬기다가 늦게 신학을 한 목회자는 그 분위기를 잘 안다. 하지만 평신도시기에 교회학교 교사를 섬겼다면 분위기는 공감하지만, 성도들이 마음 속으로 겪는 깊은 심리적 갈등과 아픔은 잘 이해하지 못한다. 왜냐하면 교회학교 교사는 담임목회자와 쉽게 직접 만날 수 있는 직임이기 때문이다. 아무리 사역부서 모임에서 갈등이 있었다고 하여도 자신은 교회학교 교사로서 담임목회자를 만나는 기회에 자신을 직접 변론할 수 있었기 때문이다. 아니 담임목회자를 독대할 수 있는 특권을 가진 것만으로도 다른 리더로부터 받는 서운함을 이미 보상받고 있어 마음의 아픔을 별로 느끼지 않을 수 있다.

목회자들의 이러한 배경이 현재 대부분의 교회에서 안 움직이고 있는 평신도사역부서를 '움직이게 하는 해결방안'을 잘 마련하지 못하게 하는 것이다. 내가 만난 목회자 중에 평신도 때 대형 그룹회사를 다녔어도, 교회학교를 섬겼던 담임목회자는 장년성도 사역부서 운영에 어려움을 가지고 있는 것을 보았다.

이제 전통적인 사역조직으로 운영되는 교회의 리더십 체계에서 이러한 갈등이 왜 발생되는지 진단해 보자.

교회마다 약간씩 다르지만 전형적인 제직회 중심의 교회 조직운영 리더십 체계는 다음과 같다.

제직회의 구성 및 역할 등은 각 교단이나 교파에 따라 조금씩 다르다. 일반적으로 집사 이상의 직분자들의 모임이다.

```
[제직회]
- 회장 : 담임목사
- 임원(집사급) : 서기/회계

[각 위원회]
- 위원장(장로, 안수집사급)

[각 부]
- 부장(안수집사, 집사, 권사급)
- 임원(집사급) : 총무/서기/회계
- 실행위원(집사)
```

〈전형적인 제직회 중심의 교회 조직운영 리더십 체계〉

위 그림을 살펴보면 제직회에 임원으로 서기, 회계가 있다. 그 하부조직으로 유사 사역을 크게 묶어서 각 위원회로, 다시 그 안에 위원장을 중심으로 각 부를 조직한다.

부서마다 부장, 총무, 서기, 회계 그리고 실행위원이 있다. 실행위원은 제직회원이 아닌 일반성도들은 제외된다.

대개 각 위원회는 위원장인 장로나 안수집사가 주관한다. 그렇게 되면 상급 라인인 제직회의 임원으로 집사급으로 구성된 서기, 회계는 있으나마나한 직임이 된다. 비록 담임목회자와 함께한 회의석상에서는 서로 잘할 것 같이 여겨졌어도, 나중에 제직회 임원이 각 위원장이나 부장에게 사역직무상 어떤 요청을 해도 잘 움직이지 않을 수 있다.

내가 만난 목회자들 중에 사회에서 회사를 다니며 조직생활을 해본 경험이 없는 목회자들이 바로 이런 갈등상황을 제일 이해하지 못한다는 것을 목격하였다. 교회에서는 아무리 나이가 어린 전도사라도 교역자이기 때문에 나이 많은 장로라도 자신에게 순종하는 모습을 보여 주었기 때문이라고 추측한다. 또 이러한 목회자들은 교회에서도 회사업무와 마찬가지로 모든 예산을 집행하기 위해 사전에 절차를 밟아야 한다는 것을 간과하는 사례도 보았다.

만일 제직회 임원이 어느 부서 부장을 겸임하였다면, 다른 부서는 관여하기가 점점 껄끄럽게 되어 결국 본인이 담당한 부서만 주관하게 된다.

담임목회자가 제직회를 주관해서 전체 운영을 잘하라고 임원으로 세웠지만, 자칫 실무사역 상황을 전혀 모르는 상태에서 예산신청서와 실행결산서에 도장만 찍는 '허수아비' 임원으로 전락될 수도 있다.

또 세워지기 전에는 성도들과 사역을 잘했는데, 세워진 후에는 뭔가 하려고 움직일 때마다 각 부장들과 불협화음을 내는 문제리더로 바뀌게 될 수도 있다. 그 이유는 임원으로 세워진 초기에는 한두 번 지시한 것이 받아들여지는데, 점차 임원이기 이전에 평신도가 다른 평신도의 사역을 참견하는 것으로 받아들여지기 때문이다.

나아가 위원장이 안수집사인 위원회에서는 함께 장로 피택을 앞둔 안수집사급 리더들간의 갈등이 생겨 그 정도가 더 심하게 될 수 있다.

움직이는 '사역부서의 리더십 체계' : 담당 교역자체제로 안수집사급 팀장중심으로 운영되도록 변경

사역부서 안의 리더간의 갈등을 해결하고 사역에 참여한 성도를 활동시키기 위하여 제일 중요한 것이 '사역팀 조직운영 리더십 체계'를 바꾸는 일이다.

성도들은 담임목회자나 부교역자에게 지시를 받기 원한다. 하지만 부교역자들이 많이 있는 교회도 제직회는 평신도만 참여하는 조직이기 때문에, 어느 부교역자가 한 부서 운영에 아이디어를 가지고 있다 하더라도 조직 체계상 교역자들이 관여할 명분이 없다.

다행히 담임목회자가 평신도사역에 관심을 가지고, 부교역자를 각 부서에 배치할 수 있다. 부교역자들은 위원장인 담당 장로가 주관하는 회의에서 사역 방향과 실행계획에 대해 뭐라고 자신의 주장을 펼칠 입장이 못 된다. 결국 부교역자들은 담당 교구 심방과 교육부서만 주력하게 된다. 이때부터 교회 조직은 나름대로 있는데 성도들이 잘 움직이지 않는 조직으로 변질되기 시작한다.

평신도사역자와 부교역자들을 동시에 움직이도록 하기 위해 평신도사역팀은 반드시 담당 교역자 체제로 운영되어야 한다. 그리고 직분자가 아닌 일반성도들도 참여할 수 있도록 사역부서는 제직회에서 분리하여 조직하여야 한다. 그렇게 되면 제직회에서는 온전히 교회 헌법상의 의결사항만을 처리하게 된다. 담당 장로는 사역팀 예산 감사권을 갖고, 안수집사급 팀장중심으

로 움직이는 사역팀을 돕는 스태프 역할을 하는 리더십 체계가 바람직하다.

각 평신도 사역부서를 담당 교역자체제로 바꿔야 되는 중요한 이유가 또 있다.

자칫 초대교회의 사도들이 "이 일을 저희에게 맡기고 우리는 기도하는 것과 말씀 전하는 것을 전무하리라" 하였다고 해서, 긍휼사역과 같은 평신도 사역은 교역자가 전혀 관여하면 안 된다고 생각할 수 있다.

하지만 그렇지 않다. 어느 사역이나 실무를 추진하다 보면 반드시 문제가 발생되기 마련이다. 교역자가 발생되는 문제를 정확히 파악하고 있어야, 평신도사역자들을 말씀으로 바르게 권면하고 문제해결을 위한 하나님의 인도하심과 그에 순종하는 마음을 구하는 기도도 함께 드릴 수 있다. '사역'은 문제가 터지기 이전인 기획 초기단계부터 반드시 '기도와 말씀'이 우선되어야 한다. 이것이 바로 교역자가 평신도들과 함께 사역에 참여해야 하는 이유이다.

그리고 평신도사역자들은 각자 삶의 터전이 있어서, 무슨 일이 돌발적으로 발생될지 모른다. 마음으로는 맡은 직무에 열심을 내어 충성스럽게 섬기고 싶어도, 어쩔 수 없이 시간이 허락되지 않아 직무를 마치지 못할 수가 있다. 자칫 그동안 사역자간에 쌓였던 감정과 시기심이 직무를 마치지 못했다는 비난의 화살 속에 담겨서, 직무를 마치지 못한 평신도사역자를 실족시킬 수도 있다.

따라서 사역 시행의 최종 책임은 '교회 직원'인 담당 교역자가 져야 평신도사역자를 보호할 수 있게 된다.

사역팀 모임은 반드시 '기도모임'으로 진행하여야 한다. '사역' 보다 '기도와 말씀'이 우선이라고 이미 언급했다. 주일마다 정기적으로 담당 교역자 주관 아래 갖는다. 이때 담당 장로도 반드시 함께 참석하여야 한다. 그래야 당회에서 자신이 섬기는 사역팀에서 추진하는 사역에 대해 잘 설명할 수 있다.

사역팀 기도모임은 반드시 먼저 팀장의 기도로 시작해, 담당 교역자가 간단히 5분 정도 말씀으로 양육한 뒤 사역회의를 주관한다. 토의된 사역 내용과 사역팀원의 기도제목을 놓고 통성기도를 한 후 담당 교역자의 기도로 마친다.

사역팀 기도모임에서 논의된 사항은 담임목회자가 주관하는 교역자회의에서 범 교회 사역차원에서 조정하고 최종 결정되도록 하고, 담당 교역자가 실무운영책임을 지도록 한다. 그래야 자칫 일어날 수 있는 특정 교역자나 사역팀의 사역 독점과 과욕을 막을 수 있다.

결정된 사역실무 지시는 사역팀 기도모임에서 반드시 담당 교역자가 사역팀원에게 하도록 하여, '평신도'가 '평신도'에게 지시하는 일이 되도록 없게 한다.

교회 규모가 적어 부교역자가 없는 담임목회자는 사역팀마다 어떻게 다 맡느냐고 항변한다. 이때는 담임목회자와 사모가 맡으면 된다. 그러므로 많은 사역팀을 만들려고 하지 말고, 적더라도 교회형편에 따라 제대로 움직이는 사역팀을 만드는 것이 중요하다. 성도들이 자율적으로 참여하는 사역팀이 하나 둘 늘게 되어 교회가 성장하게 되면, 자연히 부교역자도 청빙할 수 있게 되는 것이다.

권위주의 목회에서, 몸으로 함께 섬기는 목회로
『남자성도와 함께 설거지하기』

'꿔다 놓은 보릿자루' 신세인 남자성도들이 교회 활동을 잘하게 하려면 활동할 수 있는 장이 마련되어야 한다. 그들에게는 성경지식과 상관없이 몸으로 섬기는 사역부터 시작하게 하는 것이 바람직하다. 대부분의 목회자들은 먼저 주차봉사를 머리에 떠올릴 것이다. "교회에서 주차장에 은혜가 가장 많이 있다."고 하는 우스갯소리가 있다. 기존 성도들의 아쉬운 주차예절은 자칫 마음먹고 교회사역에 참여한 '꿔다 놓은 보릿자루' 처지인 남자성도들을 시험에 들게 할 수 있다. 그렇다면 몸으로 섬기는 바람직한 사역이란 어떤 것인가? '새가족 만남의 잔치' 같은 행사이다. 담임목회자와 함께 처음 교회에 나온 성도들의 간증을 들으며 교제하는 프로그램이다. 프로그램을 준비하기 위하여 남자성도들은 팔을 걷어붙이고 모임을 위한 테이블 셋팅을 하고, 진행 스태프로도 참여한다. 모두 함께 떡을 떼며 하나님께서 주신 은혜를 누린 후에 담임목회자가 남자성도들과 설거지를 하는 것이다.

세계적인 기업으로 발돋움한 삼성그룹은 1993년에 신경영을 시작하면서 "처, 자식만 빼고 다 바꾸겠습니다."라고 선언하였다. 이제 목회자들도 새로운 각오를 가지고 변화해야 한다. 남자성도들을 활동시키기 위해서는 마음뿐만 아니라 몸으로도 새롭게 변했다는 것을 말해 주어야 한다.

나는 어느 목회자 모임에서 세미나를 통하여 '남자성도들이 나오는 자율훈련교회 만들기'를 설명하였다. 모임을 마친 후 식사시간에 저편의 식탁에서 연로한 목회자 한 분이 "다 좋은데 목사가 설거지하라고 하는 것은 마음에 안 든다."라고 말씀하는 것이 들려왔다. 한번 해보면 성도들의 반응이 어떨지 해보지도 않고 거부하는 참으로 마음 아픈 권위주의 목회 현실을 보는 것 같아 가슴이 아렸다.

'담임목회자가 교회에서 설거지하기!' 담임목회자가 이제까지 집에서도 하지 않았다면 손을 싱크대에 담근다는 것은 결코 쉽지 않을 것이다. 여자성도들도 담임목회자가 설거지하겠다고 불쑥 주방에 들어간다면 속마음은 어떨지 몰라도 겉으로는 나가라고 하면서 극구 만류할 것이다.

담임목회자 설거지의 모범 사례가 있는 온누리교회를 살펴보자. 하용조 목사가 건강이 좋지 않아 연예인교회를 사임하고 영국에 처음 갔을 때 이승장 목사의 집에 며칠 머물렀다고 한다. 이승장 목사는 집에 한국인 손님이 오면 반드시 식사 후에 형제를 데리고 설거지를 같이 하면서 섬기는 종의 훈련을 시켰다고 한다. 이승장 목사의 증언으로 하 목사는 먹는 것은 좋아했지만 설거지는 별로 즐거워하지 않았다고 한다. 하지만 이승장 목사의 강권에 못 이겨, 설거지 훈련을 당당하게 이수했다고 한다(이승장, 종의 노래, 좋은씨앗, 2003, 90).

하용조 목사의 설거지는 온누리교회 창립 후 교회 프로그램에서 교회 리더들과 더불어 실천되었다. 창립 초기 담임목회자가 심방을 거의 못할 정도로 새가족이 많이 등록하였다. 그렇지만 하용조 목사는 교인들을 알아야 되기 때문에 창립 1년 후부터 등록한 성도를 집으로 약 20명 단위로 매주일 초대하는 '등록교인을 위한 사귐의 시간'을 시작하였다.

이후 등록 성도가 1,800여 명으로 성장한 1989년까지 거의 정기적으로 매달 한 번 이상 하용조 목사의 가정에서 무려 55회나 가졌다(온누리교회, 한남동에서 약속의 땅까지, 온누리행전 14년, 온누리교회, 1999, 63).

그 당시 식사를 마친 후 하용조 목사는 남자성도들과 함께 설거지를 했다고 어느 리더로부터 들었는데 그 리더는 그때가 정말 좋았다고 회상한다.

미국에서 온 어느 부교역자 사모는 야외 모임에서 식사를 한 후에 설거지를 할 때, 하용조 목사가 가장 닦기 힘든 고기 불판을 도맡아서 닦는다고 전해 주었다.

담임목회자가 사정상 2년간 교회를 비운다면 교회는 어떻게 될까?

참으로 생각하기도 싫은 질문일 것이다. 이때 방법은 무엇일까? 답은 간단하다. 개척시기나 부임시기부터 함께한 평신도 리더가 교회를 지켜 주면 가능해진다. 서로 마음을 함께하고 담임목회자를 존경하는 평신도 리더 양육은 모든 목회자의 바람일 것이다. 평신도의 목회자에 대한 인격적인 존경은 몸으로 함께 굳은일을 섬기는 사역을 통하여 나온다. 설거지를 하며 맺은 인간관계는 뼈 속에 남는다. 나중에 혹시 담임목회자가 2년간 교회를 비우더라도, 땀 흘리며 수고하며 성도를 사랑한 담임목회자의 '함께 섬기는 목회 리더십'을 기억하며 교회를 충성으로 지키게 된다.

'꿔다 놓은 보릿자루'에 대한 공정한 평가

『양육목표가 구역리더와 사역팀리더로 이원화되어야 한다.』

성경지식과 상관없이 몸으로 교회를 섬기는 사역을 개발하라

요즈음 많은 교회는 남자성도들을 배려하여 등산, 볼링 그리고 축구모임 등 교제부서를 만들고 있다. 이때 이러한 교제부서가 목회에 미치는 영향을 살펴보아야 한다. '330'이란 말이 있다. 주일 오후 3시 30분을 뜻한다. 이 시간이 되면 교회가 텅텅 비어 아무것도 못한다고 가슴 아파하는 사모도 보았다.

또 축구모임을 만들어 지역사회 축구 모임에 음료수를 사서 참여했던 남자리더가 하는 말이다. 축구하면서 몸싸움을 하다 보면 성도로서 본을 보이지 못한다고 하였다. 오심으로 심판 판정에 항의할 때는 예수 믿기 이전 모습 그대로의 행동이 나온다고도 하였다. 또 음료수는 교회팀이 당연히 사 가지고 오는 것으로 인식되어 어려움이 있다고 하였다. 이런 목소리에 많은 목회자들이 공감할 것이다.

'꿔다 놓은 보릿자루' 신세인 남자성도들이라도 교회를 섬기는 사역에 참여해야 한다. 교제부서 활동만 하면 성도의 생활이 교회 리더가 되어도 교제로만 흐를 수 있다. 자칫 교회를 섬기는 사역이나 성경공부 등 교육훈련에는 전혀 참여하지 않는 아쉬움을 가지게 될 수 있다.

그렇다고 교제부서를 만들지 않으면, 가뜩이나 교회에 나오게 하기 어려운 남자성도들을 위한 교회 접촉점을 없애게 된다고 열심히 주장하는 목회자들도 있을 것이다. 목회적으로 남자성도들이 교회를 섬기면서도 접촉점을 유지시키는, 즉 두 마리 토끼를 잡는 해결방안을 마련해야 한다. 사회에서도 어느 조직이든 있던 것을 없애려고 하면, 현재 주도하고 있는 리더와 열심히 참여하고 있는 회원들의 저항에 부딪치게 마련이다. 교회에서도 마찬가지이다. 결론은 '새로운 비전'을 제시해야 문제를 해결할 수 있다. '꿰다 놓은 보릿자루' 신세인 남자성도들이 나오는 교회를 만들기 위하여, '성경지식과 상관없이 몸으로 섬길 수 있는 사역 프로그램'을 만드는 것이다. 바람직한 것이 '새가족 만남의 잔치'이다. 프로그램을 섬기기 위하여 테이블 셋팅도 하고, 설거지도 하는 직무를 실천하는 것이다. 개교회 안에서 '아버지학교'를 스태프로 섬기는 사역과 같은 직무를 제도적으로 만드는 것이라고 보면 된다.

'새가족사역팀'을 '교육부'와 '행사부'로 조직하든지, '새가족교육사역팀'과 '새가족만남사역팀'으로 별도 사역팀을 만들 수도 있다. '새가족만남사역팀'에 이제까지 활동하던 모든 교제부서를 소속 부서들로 재편하는 것이다.

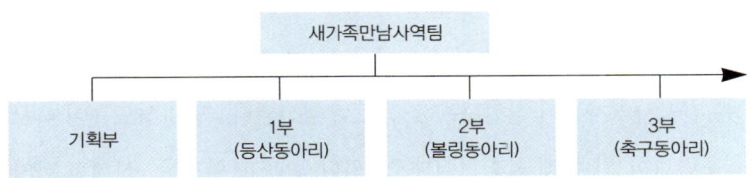

〈 '교제부서' 개편을 위한 '새가족만남사역팀' 조직도〉

이중에 '기획부'는 '새가족 만남의 잔치'의 기획과 행정을 주관하는 부서로, '새가족 만남의 잔치' 프로그램에 은사와 열정을 가진 성도와 등산, 볼링이나 축구 등의 활동에는 참여하지 않는 성도들이 지원하는 부서이다. 1-3부 부장은 자동적으로 기획부에 소속되어 리더로도 섬길 수 있다.

교회 규모가 적을 경우 '새가족 만남의 잔치'는 연 2회 정도밖에 하지 못한다. '성경지식과 상관없이 몸으로 섬길 수 있는 사역 프로그램'이 적어도 한 달에 1번 정도 진행되도록 해야 한다. 따라서 교구별로 '담임목회자와 기존 성도들과의 만남의 시간'도 기획할 수 있다. 이제 각 '새가족만남사역팀'의 소속 부서들이 로테이션하면서 '만남의 시간' 프로그램을 섬기면 된다.

'부'가 많아지면 한 '부'가 연 1-2회 정도밖에 섬기지 못할 수도 있다. 하지만 부서의 사역목적이 엄연히 교회를 섬기는 사역에 헌신하면서, 섬기지 않는 매주일에는 기존대로 교제부서 활동을 지속하는 아주 바람직한 형태로 발전하게 된다.

이쯤에서 목회기획에 통찰력을 가지고 있는 목회자들은 '기획부'에 대하여 한 가지 아이디어가 떠오를 것이다. 사실 등산, 볼링 그리고 축구모임 등 교제부서의 활동은 교회 안의 각 사역팀에서 팀원들의 자체 모임으로 해야 한다. 남자성도들이 처음에는 등산, 볼링 그리고 축구모임 등을 통해 교회에 나오기 시작할 수 있다. 그러나 아무리 '꿔다 놓은 보릿자루' 신세인 남자성도라도 '새가족 만남의 잔치'와 같이 '교회와 성도를 섬기는 사역'에 참여하다 보면 섬기는 기쁨을 맛보게 된다. 결국에는 '기획부'로 옮겨서 전담사역자로 헌신하게 된다. 그런 성도가 한두 명 늘다 보면 '새가족만남사역팀'은 전담사역자들이 헌신하는 조직으로 갱신된다. '남자성도들이 나오는 자율훈련교회'의 본래 목회그림대로 '꿔다 놓은 보릿자루' 신세인 남자성도들이 처음부터 '교회와 성도를 섬기는 사역'을 시작하는 교회가 되는 것이다. 앞으로 개척할 목회자라면 교제활동은 성도들이 사역팀의 수련회 등을 통하여 실천하도록 하면 된다.

'몸으로 섬기는 사역'도 공정한 평가를 받는 교회로 만들라
몸으로 섬기는 사역에 헌신하는 남자성도들도 공정하게 평가를 받는 교회가 되어야 한다.

#9 발상의 전환

양육목표[임직자 후보] : 성도들이 공정한 평가를 받도록 하라

구역장 ⇔ 구역장 + 사역팀 리더

안수집사부터 장로나 권사가 되려면 적어도 구역장으로 섬겨본 성도가 되어야 한다는 것은 당연하다고 생각하고 있다. 그렇다면 훈련받으러 아예 나오지도 않는 '꿔다 놓은 보릿자루' 처지인 남자성도들을 또다시 생각해 보아야 한다. 그들의 입장에서 보면 등록과 동시에 그 교회에서 적어도 구역장이나 안수집사가 되는 것은 아예 포기해야 하는 것이다. 열심히 몸으로 섬기는 사역팀에서 헌신한 남자성도도 구역장을 거치지 않았다면 마찬가지가 된다.

'꿔다 놓은 보릿자루' 신세인 남자성도들이 나오는 교회를 만들기 위해서는 양육목표를 이원화해야 한다. 구역장과 사역팀 리더로 이원화하는 것이다. 장로와 권사 그리고 안수집사의 장립 및 임직자 후보 추천을 교구와 사역팀에서 분리하여 할 수 있도록 제도화하는 것이다. 그래야 '꿔다 놓은 보릿자루' 처지인 남자성도들도 교회 안에서 공정한 평가를 받을 수 있게 된다.

이때 담임목회자가 솔선 수범하는 '설거지'는 몸으로 섬기는 성도를 인정하는 시작이 된다.

장로 피택 후보투표에서 교구 추천자보다 사역팀 추천자들은 여러 성도들에게 잘 알려지지 않아 득표율이 낮을 수 있다. 따라서 사역팀 추천자들은 담임목회자 추천으로 배려하여야 할 필요가 있다.

대외사역의 장 마련
『담임목회자의 목회역량 키우기』

건강하게 성장하는 교회가 되기 위해서 대외사역을 섬기는 프로그램도 개발해야 한다. 교회의 기둥으로 섬기면서 축적한 사역 노하우를 다른 교회에도 전해야 한다. 리더적체현상으로 문제성도가 되기 전에 대외사역을 섬기게 하면 교회실무사역에서는 떠나게 된다. 그렇게 되면 새로 배출된 차세대 리더가 순조롭게 세워질 수 있는 장이 마련된다.

대외사역 프로그램은 교회 온 공동체의 사역에너지를 집중하여 배출할 수 있게 한다. 이러한 에너지는 교회를 전반적으로 더욱 발전시켜 나가는 데 힘을 더한다. 대외사역 프로그램에 참여하여 은혜를 받는 참석자들을 바라보며 성도들은 담임목회자의 목회역량을 인정하고 진심으로 존경하게 된다.

5. 남자성도 활동전략

- 많은 교회에서 평신도사역들은 왜 활성화되지 못하는가? 그것은 제직회 부서와 남·여 전도회가 평신도 리더 중심으로 운영되기 때문이다. 성도들은 평신도간의 지시를 자칫 참견받는 것으로 받아들인다. 그들은 담임목회자나 부교역자와 이야기하기를 원한다. 따라서 평신도사역팀은 반드시 담당 교역자체제로 안수집사급 팀장중심으로 운영되어야 한다. 그래야 실제로 활동하는 사역팀도 하나 둘 늘어가면서 자연스럽게 부교역자도 청빙되고 부흥을 경험하게 된다.
- 남자성도들을 활동시키려면 목회자가 마음뿐만 아니라 몸으로 보여 주는 본보기를 통한 '함께 섬기는 목회리더십'을 보여 주어야 한다. 평신도의 목회자에 대한 인격적인 존경은 함께 몸으로 궂은일을 섬기는 사역을 통해 나오기 때문이다. 위기에 강한 교회는 바로 이런 생사고락을 같이하는 '동역자 정신'에서부터 출발되는 것이다.

[발상의 전환 9 : 양육목표-임직자 후보] 장로, 권사, 안수집사와 같은 임직자 후보가 되는 자격요건을 '구역장으로 일원화' 하지 말고 '구역장과 함께 사역팀 리더도 포함되는 이원화' 로 전환해야 한다.

- 건강하게 성장하는 교회가 되려면 대외사역을 섬기는 프로그램을 개발해야 한다. 교회 기둥으로 성장한 리더들로 하여금 각종 사역을 통해 축적된 사역노하우를 다른 교회에도 전할 수 있게 함으로써, 리더적체현상 역시 해결할 수 있다. 교회 온 공동체의 사역 에너지를 이런 대외사역에 집중하여 배출할 때, 교회를 한 단계 더 발전시키는 힘도 얻게 된다.

자율훈련교회를 오래 잘 유지하려면?

　자율훈련교회도 교회가 오래되어 성도가 많아지면, 교회시스템에 변화가 오게 된다. 또 여성들의 사회참여가 활발하여 여자 총리도 배출되는 시대에 교회에서도 여성사역이 활성화되기 시작하면 교회시스템에 변화가 있게 된다. 그 변화는 '꿔다 놓은 보릿자루' 신세인 남자성도들에게 어떤 영향을 주게 될까?

온누리교회 남성 리더십 중심 목회 변화 분석

『여자분은 교회를 열심히 다니는데 남자분은 죽어라고 교회를 안 나갑니다.』

　교회성장과 시대 변화에 따라 남자성도 중심 목회의 변화과정과 결과는 창립 초기부터 남성 리더십 중심 목회를 시작한 온누리교회를 분석해 보면 잘 알 수 있다.

온누리교회 남자성도 중심 목회 시작과정

　하용조 목사는 온누리교회 창립 이전부터 한국교회가 너무나 여자 중심이기 때문에 남자들이 기를 못 펴는 것을 안타깝게 생각했다. 그래서 이유를 불문하고 남자가 영적 권위를 가져야 하는 것이 성경적이고 그래야 교회가 바로 선다고 역설하였다(1985년 '두란노 인물별 성경연구' 프로그램, 엘리야 1).

하용조 목사는 온누리교회 창립 초기에 여자성도들에게 "나는 남자들하고 목회를 하겠습니다. 도와주십시오."라고 부탁을 하고, 여자성도들의 동의를 얻어서 남자 중심의 목회를 시작하였다(1997년 '온누리사역축제(OMC)' 주제강의 2강 '거룩과 순결 / 순종과 헌신').

그때 남자성도들을 세우기 위하여 이미 믿음을 가지고 있는 여자성도들에게는 믿음으로 남자 밑으로 내려가서 거기서부터 남자를 끌고 오라고 하였다.

그래서 여자성도가 가정예배를 인도하지 말고, 남편으로 하여금 가정예배를 인도하게 해달라고 꼭 부탁한다고 하였다(1985년 '두란노 인물별 성경연구' 프로그램, 엘리야 1).

온누리교회 부부구역 재편 과정

구역조직은 창립 다음 해인 1986년 2월에 여자, 남자 구역을 따로 하여 총 12구역이 편성되었고, '구역'을 '순'으로 부르는 것은 1992년부터로 나타나 있다(온누리교회, 한남동에서 약속의 땅까지, 온누리행전 14년, 온누리교회, 1999, 18, 31, 101).

온누리교회 초기의 구역조직은 여자 구역이 주로 활동하는 전통적인 한국교회 교구시스템으로 운영되었다. 부부구역 조직은 한 리더의 증언으로 1987년 가을에 조직된 것으로 추정되고 있다.

'부족해도 남자성도들을 믿고 리더(순장)로 세우는 목회 전략'의 핵심인 부구역장 제도는 구역장·부구역장·권찰세미나가 1988년 8월에 처음 열린 것으로 기록되어 있는 것으로 보아 이르면 1987년에 부부구역과 함께 시작되었거나 늦어도 1988년 가을부터 시작된 것으로 추정된다(온누리교회, 한남동에서 약속의 땅까지, 온누리행전 14년, 온누리교회, 1999, 44).

온누리교회 구역 리더 자격 변천 과정

'부족해도 남자성도들을 믿고 리더(순장)로 세우는 목회 전략'은 1997년도 배포된 공동체(교구) 수첩에 나와 있는 순장(구역장)과 부순장(부구역장)의 자격이 잘 설명해 주고 있다(1997년도 구로·부천 공동체 수첩, 41-44).

순장은 부순장 중에 교역자의 추천을 통하여 '순장 후보자들을 위한 예비 순장 대학'을 마친 자 중에서 임명하였다. 1997년도에는 교회론(2주), 성경개관-성경탐구(2주), 리더십(2주), 영성훈련(말씀과 기도훈련-2주, 외부에서), 상담과 교육(2주) 및 소그룹 인도, 순목회(2주-순심방, 예배인도, 순관리, 순탐방, 순사역)로 12주 과정으로 연 2회 진행되었다. 훈련기간 중에는 큐티 및 기도생활을 점검하였다.

이때 순장 자격은 임직훈련 과정인 '예비 순장 교육'을 마치는 것 외에는 안수집사이어야 한다든가 하는 특별한 임명 기준이 없었다.

부순장은 순장의 추천을 받아 교역자가 임명하며 순장을 도와 순목회를 수행하는 것으로, 결국 부순장은 순장의 추천을 받으면 부족해도 세워지게 되었다.

이후 성도가 많아지면서 순장을 세우는 방식이 바뀌었다.

2000년도에는 순장학교를 이수한 안수집사 중에서 공동체 운영위원회의 추천을 통하여 당회가 임명하는 것을 원칙으로 운영되었다(2000년도 공동체 운영지침, 28).

2003년에는 예비순장이 일대일 양육자반을 마치고 두 가정을 양육하면 직분과 상관없이 바로 순장에 임명되도록 바뀌었다(온누리신문, 제420호, 2003년 1월 12일, 8면).

이것은 완화된 것이 아니라 순장이 되려면 두 가정을 일대일 양육할 정도로 훈련된 성도가 되어야 세워질 수 있도록 강화된 것으로 진단할 수 있다. 결국 이미 다른 교회에서 훈련을 받아 일대일 양육 프로그램을 소화할 수 있는 수평이동 교인일 때나 가능한 것이다.

2004년에는 2010년을 향한 목표로 '10만 성도-1단 순장 양성'에서 일대일 사역이 순장과 안수집사 임직을 위한 필수 과정으로 계속 적용되고 있다.

부순장은 명칭이 예비순장으로 변경되면서부터, 예비순장 자격이 2000년도에는 일대일 지도자반을 수료한 세례교인 중에서 순장의 추천을 통하여 교구별 운영위원회가 임명하는 것으로 강화되었다(2000년도 공동체 운영지침, 34).

2003년도에는 '2천/1만 비전'을 성취하기 위해 모든 순원들을 1만 순장으로 양육하기 위한 '1만 순장 프로젝트'를 시작하면서, 수평이동하는 새가족이 15주(초신자인 새신자는 17주)의 등록, 양육 과정을 마치면 교회생활에 충분히 적응하는 기간도 없이 바로 예비순장이 될 수 있도록 하기도 했었다(온누리신문 제420호, 2003년 1월 12일, 8면).

물론 2003년 하반기부터 등록과정이 이전과 같은 7주 과정 체제로 다시 변경되었지만, 결국 창립 초부터 진행된 부족해도 남자성도를 믿고 구역장(순장)으로 세우던 교회시스템에서 훈련된 남자성도가 세워지는 교회시스템으로 전환된 것이다.

온누리교회 여성사역 변천 과정

'남자성도 중심 목회'에 비중을 둔 결과 온누리교회의 여성사역은 늦게 시작되었다. 내가 온누리교회에 등록한 1994년도에도 전임 여전도사가 창립 이래 한 명뿐이었고, 1996년까지 이어졌다. 온누리교회 여전도사 직임의 특징은 심방전도사가 아닌 전문사역 담당교역자로 섬기고 있는 것이다.

1997년에 전임 여전도사가 늘면서 말씀묵상사역(큐티나눔방)을 시작으로 여성사역이 본격적으로 활성화되기 시작하였다.

그 후 10년이 지난 지금은 시대가 변하여 온누리교회에도 여자 목사가 여러 명 있고, 또 '여전도회' 보다 더 강력한 '여성사역본부' 가 있어서 수요 오전예배, 말씀묵상(큐티) 나눔방, 중보기도사역, 문화사역 등을 담당하고 있다.

온누리교회 성도 성별 분포 변화

훈련된 구역장들이 세워지고 여성사역이 활성화되면 '꿔다 놓은 보릿자루' 처지인 남자성도들은 어떻게 될까?

온누리교회 자료에서 '부족해도 남자성도들을 믿고 리더(순장)로 세우는 목회 전략' 이 제일 꽃을 피웠던 시기인 1998년 8월에 발표된 자료와 훈련된 구역장들이 세워지고 여성사역이 활성화된 교회를 보여 주는 2005년도 자료가 있다. 하나님께서 많은 성도를 모아 주셔서 7년 반 동안에 전체 성도가 16,187명에서 46,200명으로 285% 증가하였다.

하지만 남·여 성도 분포율은 다음과 같이 변화되었다.

구분	남자	여자	기타(미표기)	자료
1998년 8월 말	39.7	60.3	–	〈온누리신문〉 제203호, 1998년 9월 6일, 4면
2005년 말 현재	37.5	61.2	1.3	〈단숨에 읽기 온누리교회 20년〉, p.170-172
분포율 변화	-2.2	+0.9	–	

〈남·여 성도 분포율 변화〉　　　　　　　　　　단위 : %

이를 연령별로 더 세부적으로 살펴보면 다음과 같다.

구분		10대	20대	30대	40대	50대	60대 이상
1998년 8월 말	비율 남	–	32.6	39.7	43	46	–
	여	–	67.4	60.3	57	54	–
	전체	–	23.7	37.8	21.1	10.2	7.2
2005년 말 현재		0.5	18.7	38.4	23.0	10.9	8.5
분포율 변화		–	-5.0	+0.6	+1.9	+0.7	–

〈연령별 분포율 변화〉　　　　　　　　　　단위 : %

위 두 자료를 분석해 보면 우선 훈련된 구역장이 세워지는 교회로 전환되면서 남자성도 분포율이 7년 전에 비해 2.2% 줄어들었다.

그러나 좀 더 구체적으로 살펴보면 1998년에 여자성도 비율을 제일 많이 차지하고 있는 20대 층이 7년 동안에 분포율(23.7→18.7%)에서 무려 5%나 제일 많이 감소한 연령대로 나타나고 있다. 2005년 말에 30대 이상 연령층 비율이 7년 전에 비해 약간 높아진 것(+0.6-+1.9%)은 20대 층 분포율의 큰 감소 때문에 상대적으로 더 증가된 것으로 추정된다.

결국 20대 여자성도의 분포율의 감소는 절대 평가관점에서 보면, 여자성도 분포율은 7년 전에 비해 전체적으로 더 많이 낮아졌다는 것을 내포하고 있다.

그럼에도 불구하고 2005년도에 남자성도 비율이 낮아졌다는 것은 30대 이상 장년 남자성도 분포율이 7년 전에 비해 실질적으로 더 크게 낮아진 것으로 진단된다.

다음은 온누리교회 하용조 목사가 2006년 8월 6일 1부예배 광고시간에 한 말이다.

"교회에서 일반적으로 보며는요, 이런 분들이 참 많습니다. 여자분은 교회를 열심히 다니는데 남자분은 죽어라고 교회를 안 나갑니다. 그래서 영원한 철로 길처럼 남자는 교회 안 가고 여자는 열심히 교회 가고 그래서 부부사이가 굉장히 어려운 그런 분들이 있습니다. 그래서 이젠 여자분들이, 부인들이 교회를 나오기 때문에 그것이 계기가 되어서 어떻게 해서든지 적극적으로 헌신을 해서 아직도 교회에 오시지 않는, 또 교회에 대한 부정적인 생각을 하고 계시는 남편되시는 분들을 전도를 좀 해볼까 하는 생각을 열심히 하고 있습니다. 여러분들도 같이 힘을 모으시면 좋은 결과가 오리라고 생각합니다."

이를 통해서 우리는 온누리교회가 다시 '꿔다 놓은 보릿자루'에 관심을 가져서 '남자성도가 나오는 교회'로 힘을 모아야 될 필요성을 가지게 되었음을 알 수 있다. 결국 훈련된 구역장들이 세워지고 여성사역이 활성화되면, 주일 대예배 광고시간에 강조할 만큼 '꿔다 놓은 보릿자루' 신세인 남자성도들이 안 나오는 부부가 많게 된다는 것을 시사하고 있다.

'남자성도 중심으로 전 성도를 세우는 자율훈련교회'를 오래 잘 유지하려면?

'남자성도 중심으로 전 성도를 세우는 자율훈련교회'를 오래 잘 유지하려면 다음 두 가지 핵심적인 교회시스템을 흔들림 없이 간직하고 있어야 한다.

첫째는 성경지식이 부족한 남자성도를 지속적으로 세울 수 있는 '부구역장 제도'이다.

둘째는 여자성도들이 교회를 열심히 섬긴다고 하더라도, 아직은 '꿔다 놓은 보릿자루' 신세인 자신의 남편을 항상 기억할 수 있는 '사역팀 운영체제'이다.

'부구역장 제도'를 잘 유지하려면?

『 구역장에 따라 사역 참여 분야를 감안하여 임기제를 적용시켜야 한다. 』

부구역장 제도는 구역장이 원활하게 세워질 때 잘 운영된다. 구역장이 원활하게 세워지도록 하려면 구역이 잘 증식되어야 한다. 구역 증식은 결국 등록교인이 지속적으로 증가할 때 쉽게 이루어진다.

'여자성도 중심의 전통적인 교회시스템'을 고수하는 교회 중 오래된 교회일수록 교인 성장이 정체되어 고민이 많다. 훈련된 성도들은 점점 많아지는데 새가족이 적어서 구역을 더 늘릴 수 없는 형편에 이르게 된다. 계속 배출되는 훈련된 성도들을 세우기 위하여 교회에 따라 그 해결 방안으로 구역장, 구역 설교자, 부구역장 2명 그리고 권찰로 구역 리더십 직임을 늘리기까지 한다. 또 구역 구성원을 최대한 줄여서 구역을 많이 만들기도 한다. 그 결과 평 구역원이 한 명도 없이 전부 직임자로 구성된 구역도 탄생하게 된다. 구역 리더 적체현상이 발생된 결과이다.

온누리교회조차도 1997년도에 구역(순)은 출석 가정기준으로 보통 5가정 정도로 구성되는 것이 이상적으로 보았다. 그 당시 대개 6-10가정 정도가 한 구역을 이루고 있었다(1997년도 구로 · 부천 공동체 수첩, 40).

그러나 2006년 현재 '순은 3가정이 기본단위이며, 3가정이 넘는 순은 분

순을 준비합니다'라고 제시되어 있다(자료 : http://www.onnuri.or.kr/sub.asp?gubun=2901).

　아무리 '남자성도 중심으로 전 성도를 세우는 자율훈련교회'로 창립되었다 하더라도, 구역 리더 적체현상이 오면 온누리교회처럼 '훈련된 구역장과 부구역장'을 세우는 교회로 변화되게 된다.

　'꿔다 놓은 보릿자루' 처지인 남자성도들을 자율훈련시키려면 '부구역장 제도'는 반드시 운영되어야 한다. 구역장에 따라 사역 참여 분야를 감안하여 임기제를 적용시키면 해결 가능하다. 우선 각종 평신도사역팀에 리더(팀장, 총무, 서기, 회계, 부장)로 세워진 구역장을 대상으로 한다. 교회 형편을 감안하여 임기제에 따라 구역장 직임을 내려놓게 되면, 차세대 구역장이 쉽게 세워질 수 있게 된다. 자연히 새로운 부구역장도 원활하게 세워질 수 있게 된다. 그러나 구역장만 섬기고 있다면 계속 구역장을 섬기도록 하는 것이 바람직하다.

　구역원은 부부 여섯 가정, 그러니까 사람 수로 열두 명이 가장 적당한 인원 구성이라고 본다.

　이 제도가 성공하려면 교구담당 부교역자들의 인식변화가 필수적이다.

　교구담당 부교역자들은 자신들이 담당하고 있는 교구 성도들이 자신과 함께 교구를 잘 섬기기를 원한다. 따라서 구역장 임기제에 따라 구역장을 내려놓은 성도가 다른 부교역자가 담당하고 있는 사역팀을 열심히 섬기는 것을 볼 때 서운한 마음을 가질 수 있다. 그 성도는 소속된 교구담당 교역자에게 혹여 밉보일 수 있다. 부교역자가 특정 성도에 대하여 가지는 서운함은 자칫 모든 부교역자에게 나쁜 인식으로 전파될 수 있다. 바로 은혜 속에 멍드는 성도가 만들어지게 된다.

이것이 임직자 후보 추천이 교구와 평신도사역팀으로 이원화되어야 하는 이유이기도 하다. 부교역자들은 모든 성도들과 더불어 교회 공동체를 함께 섬긴다는 인식을 가져야 한다.

여성사역을 잘 운영하려면?

> 『범교회 차원에서 부부가 함께 동역하는 사역팀 조직을 원칙으로, 여성사역은 전도를 목적으로 한 '말씀묵상나눔방 사역'에 중점을 둔다.』

여성사역이 활성화되어 탁월한 여자성도들이 세워지면 자연히 자신들이 섬기는 사역에 온 힘을 쏟게 된다. 리더가 아니더라도 여성사역이 활성화되면 될수록 헌신하는 여자성도들도 늘게 마련이다. 남편이 아직 교회에 나오지 않는 여자성도는 어쩌면 자신의 남편을 돌아볼 시간마저 잃어버릴 수도 있다. 아니, 교회 나오라고 아무리 외쳐도 안 나오기 때문에, 아예 포기하고 자신이 섬기는 사역에 더 열심을 내고 있을 수도 있다. 어쩌면 자신이 남편으로부터 "이제는 아예 교회에서 산다"는 말을 듣는 것이, 오히려 자신의 남편에게 교회를 기억하도록 만드는 바람이 될 수 있다. 그래서 자신이 '교회에서 사는 것'을 '무언의 전도전략'으로 사용하고 있는지도 모른다. 그러나 남편은 아내의 그러한 심오한 마음을 알 리가 없다. 남편은 영원히 만나지 못하는 '철로 길'의 폭만 점점 더 넓히면서 교회에 대한 거부감만 더 가지게 될 것이다.

교회 사역은 열심히 참여하는 여자성도들로 하여금 언제나 자신의 남편을 기억하게 하는 운영체제로 가는 것이 바람직하다. 여기에는 두 가지 방안이 있다.

첫째, 범교회 차원에서 부부가 함께 동역하는 사역팀 조직을 원칙으로 해야 한다. 그래야 성경지식이 부족하지만 열심히 교회를 섬기는 남자성도를 만날 때, 자신의 남편도 가능성이 있다는 소망을 끝까지 버리지 않게 된다. 또 부부구역에서와 마찬가지로 함께 사역팀을 섬기는 남자성도의 도움을 받을 기회도 마련될 수 있다.

둘째, 여성사역은 전도를 목적으로 하는 것이 바람직하다. 그래야 자신들의 남편을 항상 기억할 수 있기 때문이다. 바람직한 방향은 '말씀묵상나눔방'을 '전도 접촉점'으로 활용하는 것이다. 그렇게 되면 여자성도들만 모이는 모임일지라도 서로 남편을 돌아보는 마음을 공유하게 된다. 아직 믿지 않는 남편들을 초청하는 특별한 모임도 기획할 수 있다.

맥잡기
자율훈련교회를 오래 잘 유지하려면?

'남자성도가 나오는 자율훈련교회'를 잘 유지하기 위해서는 다음 두 가지 핵심적인 교회시스템을 흔들림 없이 간직하고 있어야 한다.

- 첫째, 성경지식이 부족한 남자성도를 지속적으로 세울 수 있는 '부구역장 제도'이다.

  구역장에 따라 사역 참여 분야를 감안하여 임기제에 따라 구역장 직임을 내려놓게 되면, 차세대 구역장이 쉽게 세워질 수 있게 된다. 자연히 새로운 부구역장도 원활하게 세워질 수 있게 된다. 그러나 구역장만 섬기고 있다면 계속 구역장을 섬기도록 하는 것이 바람직하다.

- 둘째, 여자성도들이 교회를 열심히 섬기더라도 자신의 남편을 항상 기억할 수 있는 '사역팀 운영체제'이다. 범교회 차원에서 부부가 함께 동역하는 사역팀 조직을 원칙으로 한다. 여성사역은 전도를 목적으로 한 '말씀묵상나눔방 사역'에 중점을 둔다. 그렇게 되면 여자성도들만 모이는 모임일지라도 서로 남편을 돌아보는 마음을 공유하게 된다.

II부
남자성도가 나오는
자율훈련교회 만들기
[단계별 실천전략 17가지]

▶ 비전 공유하기

[1단계] 교회갱신의 핵심적 성공요소인 마음 밭을 이해하라! | [2단계] 첫걸음을 내딛기 전에 반드시 최고 리더들과 사전 조율하라! | [3단계] 목회자가 먼저 변했다는 것을 보여 주라! | [4단계] 성도들의 궁금증을 핵심 리더가 풀어 주라!

▶ 비전 추진하기

[5단계] 무엇을 배워야 하는지 한눈에 보게 하라! | [6단계] [개척목회전략 1] 최고 리더의 마음을 잡으면 온 성도들의 마음도 잡는다! | [7단계] 확인 가능한 사역팀부터 조직하라! | [8단계] 변화를 피부로 느끼게 해주는 프로그램을 제시하라! | [9단계] [개척목회전략 2] 남자 구역장 양육 방법을 바꾸라! | [10단계] 함께 교회를 세워 나간다는 것을 성도들이 체험케 하라! | [11단계] [새로운 전도전략 1] 전도의 열정이 성도 본인으로부터 나오게 하라! | [12단계] 스스로 공부하는 성도로 세우라! | [13단계] 교회 공간이 부족하다는 것을 몸으로 느끼도록 하라!

▶ 비전 열매맺기

[14단계] 교회를 섬기는 데 은퇴가 없음을 알게 하라! | [15단계] 성도를 향한 담임목회자의 사랑을 뼈 속 깊이 새겨지게 하라! | [16단계] [새로운 전도전략 2] 안 믿는 이웃조차도 당신의 교회를 선전하게 만들라! | [17단계] 교회 안에 섭섭이가 없게 하라!

비전 공유하기
비전 추진하기
비전 열매맺기

1단계

교회갱신의 핵심적 성공요소인 마음 밭을 이해하라!
– 마음자세 갖추기 : 한국인 마음, 목회자의 마음, 성도의 마음

'여자성도 중심의 전통적인 교회'에서 '남자성도가 나오는 자율훈련교회'를 만들기 위해서 교회시스템을 바꾸기 전에 먼저 알아야 할 것이 있다. 새로운 변화에 대한 교회 공동체를 이루는 각 구성원들의 마음이다. 먼저 '한국인 마음'인 한국인의 정서를 알아야 한다. 다음은 '목회자의 마음' 즉 목회자 자신의 마음이다. '성도의 마음'은 I부에서 평신도 때 교회학교 교사 출신인 목회자와 사모가 잘 모르는 성도의 마음을 몇 가지 살펴보았다(참조 : I부 1. 믿지 않는 남편 전도전략).

마음 알기

한국인 마음

'한국인 마음'으로 누구나 공감하는 우리 한국인의 아쉬운 정서가 있으니 '한국 사람은 왜 남 잘되는 꼴을 못 보나?'이다. 이에 대해 송호근 서울대

교수(사회학)는 유난히 평등 지향적인 한국인의 심성이 잘난 사람에 대한 강한 거부감으로 표출되는 것이라고 분석하였다. 그런데 이런 한국인의 평등주의가 반드시 부정적인 것만은 아니라고 한다. 평등지향적 심성이 자기보다 우월한 위치에 있는 사람을 따라잡으려는 '성취 열망'으로 승화됐고, 이것은 한국이 짧은 기간 동안에 비약적 성장을 이룩하는 원동력이 되었다고 보았다(송호근, 한국의 평등주의, 그 마음의 습관, 서울: 삼성경제연구소, 2006; 조선일보 2006. 3. 18. D1면 참조).

결국 한국인의 수평지향적인 심성에서 나오는 '성취 열망'에는 '나도 할 수 있다'는 생각이 깔려 있는 것이다. 이 '성취 열망'을 건강하게 해소하려면 누구나 똑같은 수준에서 할 수 있는 '장'을 열어 주면 된다.

이러한 '장'은 과학의 발달로 자연스럽게 제공되었다. 현대사회는 기존의 계급체계를 뒤흔든 지식정보사회이다. 인터넷을 통하여 수많은 지식을 누구나 접하기도 하지만, 자신의 의견을 쉽게 제시하기도 한다. 인터넷에서 무명인이 유명인으로 발굴되기도 한다. 특히 온라인 게임에서는 초등학생도 어른을 이기는 시대가 되었다. 인터넷의 발달은 한국인의 수평지향적인 심성을 '성취'하는 실천적 '장'을 제공한 셈이다. 따라서 한국인의 마음은 무슨 일을 하든지 더욱더 똑같은 수준에서 해야 하는 '장'을 원하게 될 것이다.

이제 지구촌으로 눈을 넓혀 보자. 현대사회는 원활한 의사소통으로 정보의 수평화를 이루기 위하여 개인과 개인, 집단과 집단이 서로 제휴하여 네트워킹체제를 이루고 있다. 세계적인 글로벌기업은 변화한 수평질서에 잘 대응하기 위해 동등한 위치에서 상호 연결된 조직으로 재편되어 있다. 이것은 기업조직도 각 부서마다 생존을 위해 똑같은 수준에서 '성취 열망'을 극대화하는 방향으로 발전된 결과라고 볼 수 있다. 결국 한국인의 수평지향적인 심성은 이미 현대인의 정서와 부합되어 있다는 것을 알 수 있다.

현대인의 수평지향적인 심성은 교회를 출석하는 교인들에게도 적용되는 것이다.

'전통적인 교회시스템'은 일반적으로 '당회중심의 하향식 리더십 운영체계'로 되어 있다. 영적 리더십 직분체계는 목회자와 부교역자, 평신도는 장로, 권사, 안수집사 그리고 교구장과 구역장 등으로 구성되어 있다. 현대인의 수평지향적인 심성은 이러한 수직구조 외에 수평적인 구조도 요구하게 된다. 즉 교회시스템도 기존의 영적 리더십 직분을 가지면서, 그와 상관없이 장로부터 새가족에 이르기까지 동일한 수준에서 섬길 수 있는 사역의 장이 마련되어야 하는 것이다.

'남자성도중심으로 전 성도를 세우는 자율훈련교회시스템'은 한국인뿐만 아니라 평등 지향적인 현대인의 정서에 맞는 '수평적이며 통합적인 실행시스템'을 지향하고 있다.

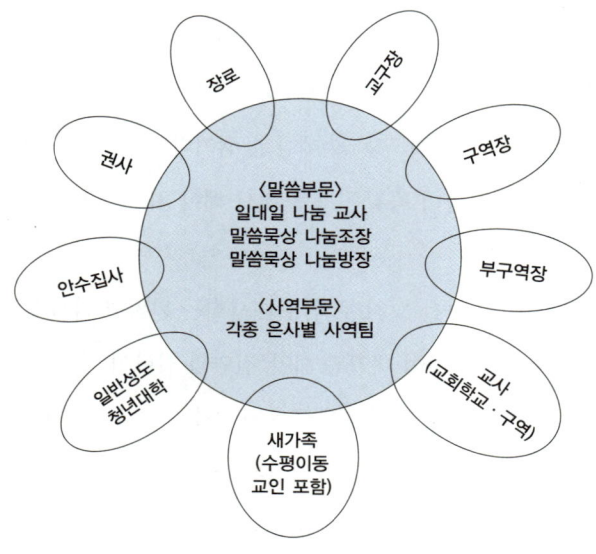

〈수평적이며 통합적인 실행시스템〉

따라서 '자율훈련교회시스템'은 '수평시대'를 살고 있는 현대인의 정서에 따라 앞으로 전 세계 교회에 적용될 수 있는 새로운 교회시스템이 될 수 있다고 본다.

목회자의 마음

'목회자의 마음'을 살펴보자. 한국 사람은 '빨리 빨리'로 유명한데 이는 목회에서도 마찬가지이다. 목회자들이 무언가 새로운 것을 시작할 때, 공감대를 가지며 단계별로 추진하는 것이 아니라 '빨리 빨리' 하다가 어려움을 겪는 경우가 많이 있다.

대부분의 목회자들은 성도들에게 모든 것을 다 지시하려고 하는 마음이 충만하다.

온누리교회 하용조 목사는 "교회의 위기는 목사가 주인공이 되는 데 있다."고 역설하였다. 그리고 모든 것을 목사 중심으로 하다 보면 평신도들은 수행자에 불과하게 되기 때문에, 평신도들이 주인공이 되어야 하고 스타로 만들어야 된다고 하였다.

그러나 평신도가 스타가 되었을 때 목사가 질투하면 안 된다고 하면서 세상적으로 좀 잘 나가고 좋은 일을 하는 평신도를 보면 일부 목사들은 "목사 알기를 우습게 안다."고 하면서 질투하는 경우도 있다고 하였다. "그냥 그런 거다." 하면서 이제 목회자들은 평신도 목사, 평신도 목자를 만들어서 그들을 세상으로 내보내, 회사를 변화시키고 직장을 변화시키는 비전을 가져야 한다고 하였다(1997년 '온누리사역축제(OMC)' 주제강의 5강 '양육체계').

우리는 하용조 목사의 이 말을 다시 가슴에 새겨야 한다. 목회자들은 '엘리트 평신도사역자'를 세우는 데 주저하지 말아야 할 것이다. 평신도를 세우려는 목회자는 평등 지향적인 정서를 가지고 있는 성도들에게 '존경받는 목회자'로 기억될 것이다.

성도의 마음

목회자는 교회에서 새로운 것을 시작할 때 성도들의 마음속에 어떤 반응이 나타나는지 알아야 한다. 하나님께서 온 성도들의 마음에 감동을 주셔서 목회자의 의견에 모두 동의하면 얼마나 좋을까? 하지만 성도들의 마음이 여러 가지일 것이라고 누구나 쉽게 추측할 수 있다.

경영학분야에서 한 가지 재미있는 자료가 있다. 상품 구매 시 고객들의 새로운 것에 대한 수용태도를 조사한 것이다.

"고객은 '새로운 것'에 대한 수용태도에 따라 '이노베이터', '얼리 어답터', '초기대중', '후기대중', '저항그룹'으로 나눕니다.

이노베이터는 '새로운 것'을 먼저 사용하는 것을 매우 좋아하는 소비자 그룹으로 전체의 2.5% 정도를 차지합니다. 얼리 어답터는 이노베이터들이 새로운 것을 즐기는 것을 보고 구매하는 사람들로, 전체 고객의 13.5% 정도가 이에 해당됩니다. 마케팅에서의 '오피니언 리더'격인 이들은 신제품의 성공에 매우 큰 영향력을 미칩니다.

이노베이터와 얼리 어답터가 '새로운 것'에 대한 모험을 끝내면 대중이 드디어 구매를 시작합니다. 대다수의 고객을 차지하는 이들은 각각 34% 정도를 차지하는 '초기대중' 과 '후기대중'으로 나뉩니다.

물론 사람들 중에는 새로운 것에 대해 '저항감'을 갖고 있는 이들도 있습니다. 16% 정도가 여기에 해당됩니다." (폴 스미스, 마케팅이란 무엇인가, 최경남 역, 서울 : 거름, 2005, 229, 예병일의 경제노트 재인용, http://www.econote.co.kr/event/content.asp?nid=35857, 2005. 8. 31.)

담임목회자의 새로운 목회 계획에 대한 성도들의 수용태도도 연구해 볼 필요가 있다. 물론 성령님의 역사하심과 그동안에 담임목회자에 대하여 쌓인 아쉬운 감정에 따라, 비율은 다르겠지만 성향은 거의 같으리라고 본다.

목회자의 새로운 목회계획에 대하여 매우 긍정적인 태도를 보이며 적극 환영하는 성도들은 '절대 순종그룹'이다. 다음은 긍정적인 생각을 가지고 있으나 절대 순종하는 성도들의 호응도를 본 후 동참하는 '순종그룹'이다. 다음은 대부분의 성도들에 해당되는 것으로 일단 관망하는 자세를 보이나 결국 따라오는 '참여그룹'이다. 이 '참여그룹'은 앞서 두 그룹의 반응을 보고 '즉시 참여하는 성도'와 '늦게 참여하는 성도'로 나뉘어질 것이다. 마지막으로 불만을 토로하며 새로운 것을 추진하지 못하도록 막는 성도들로 '저항그룹'이다. 목회자는 이러한 성도의 마음들을 잘 헤아려서 효과적인 목회 실천계획을 수립하고 추진하여야 할 것이다.

마음자세 갖추기

목회를 준비하는 신학생이든지, 개척교회를 시무하고 있는 목회자이든지, 건강한 교회로 성장하기 위하여 무언가 새롭게 추진하려는 목회자이든지 필요한 마음자세는 무엇일까?

우선 하나님과 나와의 '수직적인 관계'에서 믿음을 가지고 '순종'하는 마음자세이다. 이에 대해 하용조 목사는 다음과 같이 말했다.

"하나님의 뜻이면 어려워도 하고, 하나님의 뜻이 아니면 쉬워도 안 해야 합니다."('2005 온누리 리더십 축제 플러그인 Upgrade' 중 셋째날 저녁예배

'선포하고 도전하라'. 자료 : http://www.cgntv.net/congregation/program.asp?pid=1661&pintro=&intro=5&gotopage=4)

"하나님이 내게 주신 부탁 또는 명령, 말씀에 대하여 순종하느냐 안 하느냐가 믿음입니다. 아주 간단한 사실 같지만 이것은 우리가 믿음을 정의하는 데 아주 중요합니다." (1985년 '두란노 인물별 성경연구' 프로그램, 멜기세덱)

다음은 목자와 양과의 '수평적인 관계'에서 필요한 마음자세에 대한 하용조 목사의 언급이다.

"디모데는 바울이 로마까지 가면 로마까지 따라가고, 옥에 가면 옥에까지 따라가는 이런 깊은 관계였습니다. 우리의 요즘 목자와 양과의 관계는 너무나 공리적인(주 : 어떤 일을 할 때 자신의 공명과 이익을 먼저 생각하거나 추구하는) 것이 아닐까요? 이해 관계적인 것이 아닐까요? 교인들을 우리는 하나의 숫자로 카운팅하고 있는 것은 아닐까요? 헌금으로 보고 있는 것은 아닐까요? 내 성공에 필요한 하나의 엘레멘트로 보고 있는 것은 아닐까요? 정말 우리의 관계가 생명을 나누는 관계, 피를 나누는 관계, 정말 목자가 양을 위해서 죽을 수 있는 그런 관계인가요? 이런 관계가 있어야 합니다. 그것이 복음의 관계입니다. 우리는 너무나 세상적으로 예수를 믿고 있고 세상적으로 목회를 하고 있지 않는가 하는 반성을 디모데와 바울을 보면서 해보게 됩니다." (1985년 '두란노 인물별 성경연구' 프로그램, 디모데)

이러한 목자와 양과의 관계를 이루기 위해 필요한 마음자세는 어떤 것일까? 제일 먼저 '주님의 마음을 품는 것'이라고 누구나 동의할 것이다.

둘째, 다른 사람을 세우겠다는 마음자세가 필요하다. '섬기는 리더십(Servant leadership)'에 대하여 많이 이야기하고 있다. 목회자들은 교회와 성도를 섬긴다고 쉽게 말하고 있다. 목회자가 진정으로 교회와 성도를 잘 섬기려면, 하나님 나라의 확장을 위해서 부교역자와 평신도를 세우겠다는 마음자세가 우선 필요하다. 하용조 목사는 "목사는 코치에 불과하지 스타플레이어는 평신도이며, 아무리 좋은 코치도 자기가 직접 게임하겠다고 나서면 안 된다."고 말했다(리더십 연구-하용조 온누리교회 목사, 멀티태스킹 실천하는 '디지털 리더십', 주간 조선 1853호, 2005. 5. 9, 46).

이것은 '엘리트 부교역자'와 '엘리트 평신도사역자'를 배출하는 담임목회자가 되겠다는 결단인 것이다.

셋째, 갈등을 잘 다룰 수 있는 마음자세를 가져야 한다.

무언가 새로운 것을 시도할 때 구성원 개개인은 서로 다른 생각을 가지게 된다. 각자 다른 생각은 갈등을 빚게 된다. 그 갈등은 '문제'로 비화되어 자칫 '사람'을 평가하는 데까지 이르게 된다. 갈등을 잘 다루려면 비화된 '문제'와 '사람'을 분리하여야 한다.

교회 안에서 갈등은 목회자와 리더간에 서로 다른 생각에서 발생한다. 다른 생각을 가지고 있는 리더를 설득해서 해결하려고 하다가 감정이 얽혀져서 문제만 더 키우게 될 수 있다. 목회자와 리더가 비록 갈등의 당사자지만 서로 하나가 되어야 한다. 교회 공동체는 '남자성도가 나오는 자율훈련교회'로 전환하는 과정에서 발생되는 '문제'를 해결하기 위하여, 서로 함께 논의한다는 마음자세를 가져야 한다. 따라서 목회자는 항상 목회자 자신과 성도들이 하나라는 인식을 갖기 위해 '우리'를 강조해야 한다. '우리'가 서로 힘을 합하여 '문제'를 해결하자고 설득해야 한다.

넷째, 인내하며 여러 번 이야기하겠다는 마음자세를 가져야 한다.

목회자들은 무언가 새로운 목회계획을 추진할 때 성도의 반응에 매우 민감하다. 아무리 좋은 것을 추진한다고 하여도 문제가 발생되면 쉽게 접어 버린다.

"같은 얘기만 반복하는 사람으로 여겨질까 두려워, 혹은 말을 멋지게 꾸미지 못해 감동을 주지 못할까 봐 두려워 몇 번 얘기하고 마는 경영자가 많습니다. 그러나 서로 다른 이해관계를 가진 구성원들은 몇 번 듣는 정도로는 비전을 제대로 이해하지 못합니다. 귀에 못이 박이게 질리도록 계속해서 얘기해야만 조금씩 이해하고 반응을 보이기 시작합니다."(니이하라 히로아키, 기업 성공 6가지 핵심 조건, 국민은행 연구소 역, 서울: 매경출판, 2005, 127, 조영탁의 행복한 경영이야기 재인용 제434호, http://happyceo.co.kr/laststory/today.asp?num=457, 2005. 7. 26)

경영자들에게 필요한 것처럼 목회자들도 좋다고 생각되면 인내를 가지고 10번이라도 이야기하겠다는 마음자세를 가져야 한다. 하용조 목사는 다음과 같이 이에 대해 언급했다.

"내가 목회하면서 깨달은 것은요, 교인들은 열 번 얘기해야 알아들어요. 내가 '알아들었을 거다'라고 생각하면 큰 오산이에요. 아니 몰라요. 여러 번 얘기해야 나중에 한 번 기억하더라고요. 그러니까 하나님의 말씀은 자꾸 똑같은 얘기를 반복적으로 하는 거예요."(2006. 10. 1. 주일 1부 예배 설교)

남자성도 중심으로 전 성도를 세우는 자율훈련교회 만들기! 교회 리더십 체계가 '여자성도중심 목회'에서 '남자성도중심 목회'로, 성도 양육은 '타율훈련'에서 '자율훈련'으로 바뀐다는 것이다. 이것은 '전통적인 수직구조의 교회시스템'에서 '수평구조의 교회시스템'으로의 전환을 의미한다.

따라서 생각하지 못했던 여러 갈등이 나타나게 된다. 그 갈등이 두려워서 시도도 안 한다면 '꿔다 놓은 보릿자루' 처지인 남자성도들은 여전히 교회 밖에서 방황할 것이다. 이제 목회자와 온 교회 공동체가 새로운 마음자세를 갖추어야 한다.

비전
공유하기

비전
추진하기

비전
열매맺기

2단계

첫걸음을 내딛기 전에 반드시 최고 리더들과 사전 조율하라!

– 최고 리더(장로, 권사)와 식사하기: 그렇게 서운하셨나요?

만일 담임목회자가 가르치던 성경공부반에 부교역자가 대신 가르치러 들어갔다고 하자. 성도들의 반응은 어떠할까?

부교역자 생활을 오래한 어느 담임목회자는 "새가족 때 담임목회자에게 배운 성도들은 계속 담임목회자에게만 배우려고 한다."며 이야기해 주었다. 이런 상황을 겪어 본 성도나 부교역자들은 내가 무슨 이야기를 하려는지 공감할 것이다.

마찬가지로 담임목회자들도 성경공부반에서 자신에게 배운 성도들이 과정을 마친 다음에 소외감을 갖는 것을 느꼈을 것이다.

하용조 목사는 목회자나 교인이나 신앙생활을 잘하는 비결은 목사를 인간적으로 만나려고 하지 않는 것이라고 하였다. 말씀이 없으면 자꾸 사람을 요구하게 되어서, 사람 좇아 여기 교회 갔다 저기 교회 갔다 하는 제일 어리석은 사람들이 되는데 그들이 결론으로 얻는 것은 실망뿐이라고 하였다. 이것은 목사도 속지 말아야 하고 교인도 속지 말아야 한다고 하였다. 인간적으로 친해지거나 인간적인 위로를 받아 봤자 별 볼일 없고 아쉬울 뿐이고 독점하고 싶어진다고 하였다.

그래서 우리는 그리스도를 자꾸 바라봐야 되고, 말씀이 내 안에 있으면 문제가 안 된다며 말씀을 사모하고, 사람 좇아 다니지 말기를 강조하면서 말씀을 추구하라고 거듭 당부하였다(1986년 '두란노 인물별 성경연구', 도마).

교회 규모에 따라 다르지만 교회 개척시기부터 출석한 최고 리더들이 있다. 소위 개척멤버이다. 교회에 성도가 늘어날수록 최고 리더들의 마음은 어떻게 변할까? 물론 교회가 발전하는 것에 대해 기쁜 마음을 가지고 있을 것이다. 하지만 그런 기쁜 마음 이면에는 담임목회자에 대한 서운한 마음이 점점 커져 간다.

왜 그럴까? 그들은 개척시기에 성도가 적기 때문에 자연히 담임목회자와 함께 만나는 시간이 많았었다. 성도가 늘면 담임목회자는 당연히 다른 성도들도 돌보게 되어 최고 리더에게 관심을 덜 기울이게 된다. 담임목회자와 가까이 있었던 성도들은 담임목회자와 눈을 마주치는 시간이 줄어드는 만큼 서운한 마음이 커진다. 교회가 성장해서 당회가 조직되었다면, 담임목회자는 개척멤버인 장로를 당회에서 항상 만난다고 생각한다. 아무리 당회에서 만난다고 하여도 개척시기보다는 만나는 시간이 당연히 적을 것이다.

이제 누구나 바람직하다고 생각하는 '남자성도가 나오는 자율훈련교회'로 전환하기 시작할 때 담임목회자가 제일 먼저 해야 할 일이 있다. 최고 리더의 서운한 마음을 풀어 주어야 한다. 가장 바람직한 방법은 최고 리더와 일대일로 식사를 하는 것이다.

1985년 봄부터 1986년 말까지 진행된 '두란노 인물별 성경연구' 프로그램 엘리야1에서 하용조 목사는 다음과 같이 말했다.

"'천사가 어루만지며 일어나 일어나서 먹어라. 본즉 머리맡에 숯불에 구운 떡과 한 병 물이 있더라.' 나는 배만 부르면 행복해요. 아 그게 사실이에요. 여러분 이거 알아두세요. 남자들은 배고프면 신경질 냅니다. 그러니깐 우선 먹여 놓고 보는 거예요. 할 말 있으면 먹이구요. 신경이 예민하면 그냥 먹여 놓고, 먹이면서 이야기하는 거예요. 배가 부르면 그렇게 신경질 안 냅니다. 모든 게 은혜롭게 갑니다. 하나님도 이 원리를 아셨어요."

'일대일 식사회동전략'은 온누리교회 초창기에 하용조 목사가 목회적으로 활용한 전략이다.

우리 교회는 아무 문제가 없다고 말하는 목회자와 사모가 있을 것이다. 문제가 없는 것이 아니라 아무 말을 안 하고 있다는 것을 알아야 한다. 이제 새롭게 무언가 시작하려고 하면 작은 문제라도 발생하기 마련이다. 최고 리더는 서운했던 자신의 속마음을 감추고 드러난 문제에 투사하여 표출할 수 있다.

최고 리더와 식사를 했던 어느 담임목회자는 그렇게 서운한 마음을 가지고 있었는지 몰랐다고도 하였다.

자율훈련교회를 만들기 위해서는 교회 공동체의 공감대 형성이 필수이다. 담임목회자는 교회 형편을 감안하여 단계별, 그룹별로 만나는 계획을 수립해야 한다. 당회(교회 규모에 따라 리더운영위원회)에서 자율훈련교회시스템에 대해서 말하기 전에 최고 리더 부부와 일대일로 개인적인 식사시간을 갖는 것이 바람직하다.

한 가정씩 서열을 따라 순차적으로 만나 그동안에 가졌던 속마음을 듣고 앞으로의 계획을 나누게 되면, 나머지 리더들간에도 자연스럽게 공감대가 형성된다. 식사 회동을 다 마친 다음에 '당회'를 열고 '교회 공동체 선포', 그리고 '여러 사역 그룹과 리더세미나' 등 만남의 일정을 정하여 추진하는 것이다.

    담임목회자가 이러한 사전 공감대 형성 작업을 하지 않고 당회에서 일방적으로 말을 꺼낼 수 있다. 그렇게 되면 자칫 당회원 중에 그동안에 서운함을 가졌던 리더는 아예 시작도 못하게 반대할 수도 있다. 아니 어쩌면 어제까지 서로 앙숙 사이였던 당회원들이 이제는 하나가 되어서 함께 '반대의 선봉'에 서기도 한다. 안타깝게도 담임목회자는 어렵고 고통스러운 목회의 길을 갈 수밖에 없다.

3단계

목회자가 먼저 변했다는 것을 보여 주라!

- 첫 단추 꿰기 : 어, 무언가 바뀌는구나

담임목회자가 교회 공동체에 '남자성도가 나오는 자율훈련교회'로 전환한다는 비전을 선포할 때 최우선적으로 해야 하는 것이 있다.

첫째, 여자성도들에게 도와달라고 부탁해야 한다. '남자성도가 나오는 교회'에서 필수적인 말씀묵상(큐티)과 일대일 나눔 성경공부는 기존 구역장 리더십체계를 흔드는 역할을 하기 때문이다. 새로운 성도가 세워지는 데 따른 시기심과 서운함으로 기존 여자리더 성도의 반발이 조금이라도 있게 된다.

그리고 사역부문에서도 남자성도들이 리더로 세워질 때, 같은 사역을 섬기던 기존의 여자 리더들이 소외감을 가질 수 있다. 자신의 남편이 아직 교회에 나오고 있지 않거나, 아직 리더로 세워지지 않고 있던 여자 리더들은 마음의 어려움을 더 크게 느낀다. 이제까지 자신들의 충성된 헌신이 하루아침에 날아가 버리기 때문이다. 따라서 현재 헌신된 여자성도의 남편부터 세워지도록 배려를 하여야 한다.

둘째, 사역팀 리더 직임이 로테이션 체제로 바뀐다는 것을 알려야 한다.

온누리교회의 로테이션 체제를 살펴보자. 2003년부터 'Acts 29' 비전을 통하여 지방에도 온누리비전교회가 세워지기 시작하였다. 2년 반 정도 지난 2005년 8월에 처음으로 사역지별 교역자 재배치를 시행한 후 하용조 목사는 2005년 9월 4일 주일예배에서 다음과 같이 말했다.

"저희 온누리교회의 특징은 한 사람이 한 곳에 머무르는 그런 리더십이 아니라, 우리 온누리 안에 있는 분들은 누구든지 다 팀 리더십을 합니다. 그래서 위치도 바꾸고 역할도 바꾸고 사역도 바꿔서 한 사람보다는 세 사람이 낫고 세 사람보다는 열 사람이 낫고 그래서 가지고 있는 은사들을 어떻게 아주 절묘하게 아름답게 팀워크를 하는가 여기에 우리 온누리교회 리더십의 특징이 있는데, 여러분 사역들도 한 사람이 한 곳을 독점하지 마십시오. 자기가 일하는 것은 다른 사람이 일하도록 뒷받침해 주는 것입니다. 준비해 주는 것입니다. 내 일을 하는 것이 아니라 우리는 주님의 일을 하는 것이고, 개인의 일을 하는 것이 아니라 하나님의 나라의 일을 같이하기 때문에 온누리교회의 모든 사역과 공동체가 그런 아름다운 비전을 다 꿈꿀 수 있게 되기를 바랍니다."

2006년 초에 온누리교회에서 교역자 로테이션 체제는 다음과 같이 강화하여 시행되기도 하였다.

캠퍼스 교역자 매트릭스 – 국내 각 캠퍼스 담당 목사가 자신이 담당하고 있는 캠퍼스를 떠나 한 달에 한 주일 타 캠퍼스를 섬기는 교역자 매트릭스가 시작된다(온누리신문 제585호, 2006년 3월 5일, 1면).

로테이션 체제에 대한 하용조 목사의 '준비된 목회관'은 '두란노 인물별 성경연구'의 '마리아의 남편 요셉' 과목(1985년-1986년)에서 한 말에서 엿볼 수 있다.

요셉의 매력은 무대에서 사라졌다고 하면서, 가장 매력 있는 사람은 떠날 때는 말없이 조용히 역사의 무대에서 사라지는 사람이라고 하였다. 보통 조금만 더 무대에서 활동해 보고 싶어서 안간힘을 쓰지만 불쌍하고 아주 초라하게 보이게 된다.

교회도 떠날 때 너무 냄새 피우고 이 사람 상처 주고 저 사람 상처 주고 떠나는 사람들 많은데, 그냥 곱게 떠나는 게 낫다. 어차피 떠날 건데 역사의 무대에서 사라질 때는 조용히 사라지는 것도 하나님의 일이라고 하였다. 다 자기에게 주어진 일이 있고 그 일마다 때가 있으며 역할이 있는데, 그것을 구분하지 못할 때 사람은 시간 낭비하고 정력 낭비하고 그리고 하나님께 욕 돌릴 때가 많은 것이라고 하였다. 우리의 스타는 예수 그리스도이기 때문에 스타를 위해서, 우리는 엑스트라로 그냥 존재하는 게 좋다. 우리는 그분의 종으로서 만족하여야 한다.

'자율훈련교회시스템'에서 로테이션 체제 적용은 사역팀 리더(담당 교역자, 담당 장로, 팀장, 총무, 서기, 회계, 부장)의 임기를 1년으로 하고, 1년 연임이 가능하다. 구역배정을 거주지역 기준으로 하면, 교구담당 교역자도 로테이션 체제를 적용할 수 있다.

로테이션 체제는 사역의 독점방지뿐만 아니라, 새로운 리더가 세워질 때 기존의 리더들이 가지는 소외감과 불안감을 없애 주게 된다. 로테이션 체제의 목회적 유익은 아직 세워지지 않은 성도들에게 '나도 할 수 있구나!' 하는 인식도 주게 된다. 자율참여의식이 고양되는 것이다.

담임목회자가 이와 같이 선포하는 것은 이제부터 점진적으로 시작되는 것으로 성도들에게는 피부에 와 닿지 않는다. 따라서 담임목회자는 전 성도의 눈에 무언가 바뀐다는 것을 보여 주어야 한다. 우선 담임목회자 자신이 최고 리더를 진정으로 섬기며 세우는 목회자로 변했다는 것을 보여 주어야 한다. 개척목회를 준비하거나 개척교회 담임목회자들도 포함하는 담임목사의 첫 걸음은 네 가지가 있다.

첫째, 대표기도자를 위한 기도시간을 성도들이 볼 수 있는 예배당에서 별도로 갖는 것이다.

둘째, 대표기도자가 강대상에서 기도하도록 하면서 등단 시에 담임목회자가 손을 등에 대고 따뜻이 맞아 준다(남자성도인 경우). 마이크 위치를 대표기도자의 입 높이에 맞도록 조정하면서 섬긴다.

셋째, 예배당 실내 통로의 앞측 안내봉사에 남자 최고리더를 세워 섬기도록 하면서 성도들이 앞자리에 나와 앉도록 한다.

넷째, 세례식이나 파송식을 할 때에 담임목회자가 남자 최고리더를 강단 위로 등단하도록 안내한다. 마지막 담임목회자가 인도하는 축복기도 시간에 세례자나 파송자 어깨 위에 함께 손을 얹고 기도에 동참하도록 배려한다.

이 네 가지 방법은 성도들에게 무언가 바뀐다는 것을 담임목회자가 묵시적으로 확실히 보여 주는 방법이 된다. 자신의 남편을 섬기는 담임목회자를 바라보는 여자성도의 마음은 이미 담임목회자 마음과 하나가 된다. 그때부터 성도들은 담임목회자를 신뢰하고 앞으로 이루어질 '남자성도 중심으로 전 성도를 세우는 자율훈련교회'의 비전에 동참하게 된다. 특별히 이제까지 여러 가지 새로운 프로그램을 시도하다가 흐지부지 포기한 적이 여러 번 있는 담임목회자에게는 필수적이다.

4단계

성도들의 궁금증을 핵심 리더가 풀어 주라!

– 목회 브레인 그룹 만들기 : 도대체 어떻게 바뀌는 거야?

담임목회자가 자율훈련교회의 비전을 선포한 후에 성도들이 갖는 최대의 관심사가 있는데 '도대체 어떻게 바뀌는가?' 이다. 성도마다 안면이 있는 최고 리더에게 물어 보게 된다. 하지만 안타깝게도 최고 리더와 접촉점이 없는 성도들은 물어 볼 데가 없다.

여러 계층 성도들의 궁금증을 쉽게 풀어 주려면, 무엇이 어떻게 바뀌는지 잘 알고 있는 성도들을 여러 계층에 배치하면 된다. 즉, 수직구조의 목회 브레인 그룹으로 교회비전(혹은 '교회발전'이나 '목회기획')위원회를 조직하는 것이다.

당회나 리더운영위원회에서 각 직분(장로, 권사, 안수집사, 서리집사)별로 남·여 대표자 한 명(교회 형편에 따라 숫자 조정 가능)씩 선정하면 된다. 되도록 직장이나 사업장에서 조직생활을 하였거나 행정업무에 익숙한 성도를 세우도록 한다.

아직 리더운영위원회가 없는 교회라면 이번 기회에 두 개의 모임을 동시에 만들면 좋다.

교회비전위원회에서는 개교회 형편을 감안하여 '남자성도가 나오는 자율훈련교회'를 만드는 실천 전략을 연구하고 담임목회자에게 자문하게 된다. 토의되고 결정된 사항은 다른 성도들에게 잘 알리도록 하여, 교회 공동체의 공감대 형성이 원활하게 이루어지도록 한다.

교회시스템 전략연구소에서 시행하는 '교회갱신 프로젝트'에 참여한 어느 교회에서 비전위원회 위원인 권사는 자신의 집 전화기에 불이 나기 시작했다고 하였다.

위원의 임기는 한시적으로 하며, 사역팀 조직을 마칠 때까지 섬기도록 하는 것이 바람직하다.

향후 사역팀 체제로 전환하려면 현재 사역조직을 진단하여 활성조직을 발굴하여야 한다. 안내, 봉헌, 주차, 주방, 새가족, 성가대, 전도, 교회학교, 그리고 교구(구역)를 일차 대상으로 한다. 특히 현재 각 부문별 봉사를 주도하는 권사, 안수집사 등 여자리더가 누구인지 교회비전위원회 위원들과 함께 파악하여야 한다.

5단계

무엇을 배워야 하는지 한눈에 보게 하라!

— 양육체계정립하기 : 나를 더 이상 괴롭히지 마시오

양육체계를 정립해야 하는 이유

나는 여러 교회의 많은 목회자들을 만나면서 교회마다 양육체계가 제대로 정립되어 있지 않은 것을 보았다. 담임목회자마다 개교회의 형편에 맞는 양육 프로그램을 나름대로 개발하기 위하여 여러 교회의 좋은 프로그램들을 찾아 채택하고 있다. 그러다 보니 처음 개발된 교회에서 가지는 목회적 유익은 간과되고, 기존에 개설된 프로그램과 혼합되어 성도들을 양육 과부하 상태에 빠지게 만들기도 한다.

담임목회자들은 교회가 비행기처럼 뜨기를 바라지만, 여러 교회의 방법을 조합하다가 보면 소형 자동차 위에 비행기 날개만 올려놓는 우를 범할 수 있다. 대형 트럭용 엔진을 장착하고 날개를 달았다고 하자. 속력을 내다 보면 날개에 양력이 생겨서 약간은 뜰 수 있다. 하지만 비행기처럼 하늘 높이 날지 못할 것이다. 담임목회자들은 약간 뜨는 것에 열광하는 것이다. 그런데 얼마 지나면 원래 프로그램을 개발한 교회만큼 활성화되지 않는 것을 보고 아예 접어 버리거나, "그 프로그램으로 재미 좀 보았다."고 하면서 그 정도에서 만족하게 된다.

이러한 현상으로 대표적인 것이 말씀묵상(큐티)과 일대일 나눔 성경공부이다. 자율훈련교회 만들기 차원에서 두 프로그램이 갖는 상관성과 목회적 유익이 전혀 무시되고 있는 안타까운 목회 현실을 보게 된다.

근본적으로 작더라도 뜰 수 있는 비행기를 만들어야 하는 것이다. 소형 비행기로 날다 보면 대형 비행기도 될 수 있는 것이다. 부교역자가 없는 개척교회에서 많은 프로그램을 개설한다면 담임목회자만 힘들게 된다. 우선 기본을 갖추는 것이 바람직하다.

자율훈련교회를 만들기 위해 담임목회자가 양육체계를 정립해야 하는 이유가 있다.

첫째, 양육체계를 정립해 보면 '타율훈련교회'인지 '자율훈련교회'인지 가늠하게 된다. 즉, 각 프로그램이 가지는 목회적 유익이 제대로 구현되는지, 성도들에게 얼마나 많은 부담이 주어지는지 진단할 수 있다.

둘째, 개교회마다 담임목회자가 어떠한 프로그램을 도입하더라도 성도들에게 양육체계상 어느 위치에서 배우는 것이고, 배워야 하는 대상이 누구인지 확실히 제시되어야 한다. 그래야 담임목회자가 무언가 새로 시작하여도 배워야 되는 이유를 알기 때문에 마음을 열고 적극적으로 참여하게 된다.

배우라고 하면 왜 팔짱 끼고 방관하는 리더가 나올까?

나는 여러 교회를 섬기는 연구소 사역을 통해 재미있는 경험을 하였다. 대부분 교회의 장로급 리더들은 새로운 것을 배우는 데 여전히 부담을 가지고 있다는 것이다. 그 이유는 무엇일까?

내가 이전에 말씀묵상(큐티)을 보급하는 기관을 섬길 때 방문하였던 교회를 약 5년 뒤에 다시 방문해 보았다. 그 교회의 장로를 만나 대화를 나누는 도중에 그의 이마에 다음과 같은 글씨가 써 있다는 생각이 들었다. '나를 더

이상 괴롭히지 마시오.'

나에게 말하는 그 장로의 마음은 다음과 같이 느껴졌다. '나는 당신의 사역을 잘 안다. 오늘 우리 교회를 또다시 방문한 이유는 우리 담임 목사님에게 말씀묵상(큐티)을 다시 하라고 권하려는 것이 아니냐? 그러면 나는 또 말씀묵상세미나에 억지로 참석해야 한다. 나를 좀 쉽게 내버려두어라!'

많은 목회자들은 성도들에게 여러 가지를 가르치려고 하는 마음이 충만하다고 하였다. 이제까지 어느 것이 좋다고 하면, 가서 배운 뒤 교회에 와서 가르치는 모임을 만들어 도입하였다. 그러다 성도들의 반응이 시원치 않으면, 흐지부지한 적이 한두 번은 있을 것이다. 이제 담임목회자들은 성도들의 마음을 한번 헤아려 볼 필요가 있다. 무언가 새로운 것을 하려고 할 때, 항상 리더들의 호응이 별로 안 좋은 교회의 담임목회자라면 성도들의 마음을 더욱 잘 알아야 한다.

특히, 담임목회자가 여러 번 바뀐 교회에 새로 부임한 담임목회자는 무언가 새로운 것을 시작하거나 도입하려고 할 때 아주 심각하게 살펴보아야 한다. 개척시기부터 교회를 섬겼던 장로급 리더들의 마음이 어떨까?

부임 이전의 담임목회자들도 여러 번 바뀔 때마다 당연히 뭔가 새로운 것을 가르치려고 모임을 개설하였을 것이다. 개척시기부터 출석하여 현재 장로급인 리더들은 이전에 어느 시기에나 교회의 리더이었기에, 무슨 모임이든 무조건 나와서 싫건 좋건 자리를 지켜야 했다. 그런 경험이 여러 번 있는 장로급 리더들은 이제까지 시무하였던 여러 담임목회자가 가르친 것을 마음속으로 종합해 볼 것이다. 그들은 일단 과거나 지금이나 배우는 것은 다 그게 그거라고 생각할 수 있다.

그렇기 때문에 새로 부임한 담임목회자가 무언가 또 도입한다고 하면, 일단 팔장을 끼고 방관자의 자세를 보이게 되는 것이다. 이번에는 과연 무엇을 가지고 언제까지 하다 그만둘까? 전반적으로 새로운 것을 배움에도 불구하고, 어느 한 부분에서 이전에 배웠던 것과 비슷한 것이 나온다면 기존의 리더들은 어떤 마음을 가질까? 그들은 모든 것이 같은 내용이라고 치부해 버리고는 마음을 닫아 버리고 억지로 앉아 있게 된다. 만일 담임목회자가 질문을 계속하고 숙제까지 많이 부여한다면 어떤 생각을 가질까? '나를 더 이상 괴롭히지 마시오!'

이 경우는 은퇴 목회자의 후임으로 청빙된 담임목회자에게도 정도차이는 있겠지만 마찬가지로 해당될 것이다.

더욱 재미있는 경험도 있었다. 담임목회자를 새로 청빙하기 위하여 여러 목회자의 지원서를 받은 어느 교회의 장로급 리더의 반응이다. 최종 후보로 선정된 목회자가 여러 훈련을 받아서, 성도들에게 많은 것을 잘 가르칠 수 있을 것 같다고 흡족하게 여기고 있었다. 그러나 그 가르침을 받는 데는 '나는 제외하고……'라는 마음을 가지고 있었다.

뛰어난 평신도, '충성된 동역자'인가 아니면 '뜨거운 감자'인가?

많은 담임목회자들이 뛰어난 평신도에 대하여 처음에는 기뻐하다가 결국에는 고민을 한다. 어느 면에서는 담임목회자나 부교역자를 능가하기도 한다. 목회자들이 보는 책까지 본다고 하소연하는 담임목회자도 만났다.

이때 어떤 양육체계(시스템)를 구축할 것인가? 당연히 성도들을 잘, 그리고 많이 가르쳐야 한다. 그런데 뛰어난 성도를 많이 가르치고 잘 배우도록 한 다음에 어떻게 세워야 할지를 생각해야 한다. 또 무언가 배우라고 할 때에 성도의 반응이 시원치 않은 것은 억지로 배우라고만 하는 데 문제가 있는 것이다. '자율성'을 바탕으로 '타율성'이 조화를 이룬 양육방법을 모색하여야 한다.

결론적으로 성도양육의 최종 목표는 '평신도 선교사'에 맞추어야 한다. 땅 끝까지 복음을 전하라는 예수님의 지상명령에 순종하는 것이고 목회적으로는 교회 공동체의 안정을 위하여 매우 중요한 유익이 있다.

뛰어난 평신도들을 평신도 선교사로 양육하여 개교회 파송 선교사로 선교지에 보내는 것이다. 보낸 개교회 담임목회자는 여름방학이나 겨울방학 기간에 성도들과 함께 파송 선교사 사역지로 아웃리치를 가는 것이다. 모든 성도들이 기쁜 마음으로 동참할 것이다. 선교지에 나간 뛰어난 평신도 선교사 역시 잊지 않고 선교지를 방문한 담임목회자와 성도들을 진정으로 반기고 고마워할 것이다.

선교지에 나가서 사역을 잘 감당할 수 있는 최고로 훈련된 성도를 배출해야 한다고 하면 대부분의 목회자들은 현재 우리 교회 형편과 성도 성향 그리고 수준을 아느냐고 반론을 제기한다. 그것은 앞서 [발상의 전환 1]에서 언급한 현재 교회 형편과 출석성도를 보기 때문이다. 지금의 출석 성도도 중요하지만, 또 앞으로 하나님께서 어떤 새로운 성도를 보내 주실지 아무도 모른다. 새로운 성도의 가능성을 보아야 한다. 거기에는 아직 교회에 나오고 있지 않는 여자 구역장의 남편, '꿔다 놓은 보릿자루' 신세인 남자들도 있는 것이다. 그들이 움직일 때 현재 아니라고 생각하는 성도들도 도전을 받아 움직일 수 있게 된다.

'평신도 선교사'로 나가기로 마음에 소원을 가진 성도들은 어떤 어려운 훈련이라도 자발적으로 받게 되어 있다. 나는 낮에는 직장에 나가고 밤에 교회숙소에서 자면서 받는 주중합숙훈련도 소명을 가지고 참여하는 성도를 보았다. '자율성'을 바탕으로 '타율성'이 조화를 이룬 훈련모습이다.

담임목회자의 목회철학이 '선교공동체'로 온 성도들에게 평신도 선교사의 비전을 가지도록 한다면 교회 공동체는 어떻게 될까? '팔짱을 끼고 방관하는 리더'라도 마음에는 자신이 선교사로 가지 못하는 미안함을 가지고 있을 것이다. 그리고 어느 순간 자신보다 못하다고 생각한 성도가 평신도 선교사로 파송될 때 자신의 부족을 스스로 알게 된다. 그제야 비로소 도전을 받고 늦게나마 팔짱을 풀고 열심히 배우기 시작할 수도 있다.

성도양육의 주요한 목표로 '교회학교 교사'가 있다. 교회학교 교사를 섬기기로 작정한 성도는 잘 가르치기 위하여 스스로 찾아 배운다고 하였다. 성공한 평신도로 평신도시기에 교회학교 교사를 섬겼던 목회자들은 충분히 공감할 것이다. 교회학교 교사훈련과정은 아무리 어려워도 또 기간이 어느 정도 걸려도 자발적으로 배우게 된다. 마찬가지로 '자율성'을 바탕으로 '타율성'이 조화를 이룬 훈련이다.

성도양육의 기본목표로 장로, 권사, 안수집사와 구역장 장립/임직과정이 있다. 각 임직훈련과정을 일정기간에 걸쳐 개설하는 것이다. 남자성도를 성경지식이 부족하지만 믿고 구역장으로 세우기 위해서는 최대 주 1회 12주정도 단기 임직훈련제도를 도입하는 것이 탁월한 전략이다. 교회 형편에 따라 4-5주 과정으로 조정해도 된다. 구역장임직과정을 수료하였기 때문에 다른 성도들이 왜 그 성도가 세워지는지에 대한 의문을 제기하지 않게 된다.

직장을 다니는 임직대상자라도 배운 뒤 세워지는 목표가 있기에 회사 출근하기 전 이른 새벽시간에라도 최대 3개월 정도는 기꺼이 시간을 내어 배우러 나오게 된다. 임직훈련을 받기로 결정한 성도는 어렵더라도 스스로 배운다. 이것은 '타율성'을 바탕으로 '자율성'이 조화를 이룬 훈련이다.

목회자의 고민 : 다음에는 무엇을 가르치나?

'훈련된 구역장을 세우는 전통적인 교회시스템'을 가진 교회의 담임목회자 마음을 살펴보기로 하자. 대부분의 목회자들이 경험하였을 것이다. I부

3. 남자성도 훈련전략에서 무언가 가르치는 도중에 '다음에는 무엇을 가르치나? 어떤 교재를 선택하나?'를 고민한다고 하였다.

또 전에 다룬 어느 교재가 좋은데 이미 배운 성도들이 일부 있어서 다시 사용하고 싶어도 채택하지 못하는 고민을 하고 있을 것이다.

이러한 고민은 '자율훈련교회'로 전환하면 해결할 수 있다. 자율훈련은 성도 각자 스스로 선택할 수 있다는 것을 전제로 하고 있다. 먼저 양육체계를 진단하면 대부분 새가족반 과정, 성경공부과정, 임직과정, 중보기도훈련이나 전도훈련 등 각종 훈련과정으로 분류할 수 있다. 이중에 무엇을 스스로 선택하도록 하는가? 자율훈련교회시스템에서는 성경공부과정과 각종 훈련과정에 적용할 수 있다.

먼저 성경공부과정을 살펴보기 위하여 온누리교회를 벤치마킹해 보면 매우 주목해야 할 사항이 있다. 온누리교회는 2003년부터 선교전문 위성방송인 CGNTV를 운영하고 있다. 위성통신망을 통하여 매일 24시간 전 세계로 방송하고 있다. 이것을 다른 관점에서 보면 창립 20년 만에 매일, 24시간 방영할 컨텐츠를 개발하였다는 말이다. 물론 여러 교회 유명 목회자의 설교도 방영하고 있지만, 근본적으로 자체 개발한 다양한 컨텐츠를 보유하고 있기 때문에 가능한 것이다.

온누리교회의 양육체계에서 이런 다양한 컨텐츠를 개발할 수 있었던 것은 성경지식이 부족한 남자성도를 세우는 전략과 서로 연계되어 있음을 알아야 한다. 구역장(순장) 그리고 안수집사임직과정이 단기수료과정으로 진행되는 것이다. 또 일대일 나눔 교사(양육자)는 성도 누구나 단기교사과정을 수료하면 세워질 수 있다. 부족하더라도 세워지기 때문에 스스로 찾아 배우려 하는 학습자 수요를 창출하게 되고, 각종 성경공부를 선택식으로 개설하여서 학습자 수요를 해결할 수 있었다.

온누리교회는 중보기도훈련 등 각종 훈련과정과 내적치유, 가정사역과 선교사훈련 등 전문사역자과정을 총괄하여 선택과정으로 개설한 것이다. 자신의 은사와 열정에 따라 전문사역자로 세워지기 원하는 성도는 성경공부과정과 별개로 스스로 찾아서 전문사역자과정을 밟도록 한 것이다.

온누리교회 교역자와 평신도 리더들은 20여 년간 각종 성경공부와 전문사역과정을 선택식 과정으로 운영한 열매로 다양한 컨텐츠를 개발하는 능력을 보유하게 되었다.

앞으로 20년 후 여러분의 교회는 어떠한 모습으로 성장할까? 이제 어떤 양육체계를 정립하느냐 하는 담임목회자와 교회 공동체의 선택에 좌우되리라고 본다.

강사 편성 전략 : 배운 후 담임목회자에게 소외감이나 특권의식을 갖지 않도록 양육하려면 어떻게 해야 하나?

'내가 다 가르쳐야 내 양이 된다!' 이것이 대부분 담임목회자들의 생각이다. 아니, 어쩌면 목회자 수련의 길을 가고 있는 신학도들도 평신도시기의 이러 저러한 경험으로 '나는 앞으로 이것만은 꼭 가르치리라'고 결심하고 있을 것이다. 그리고 새가족을 정착시키기 위하여 빨리 만나서 열심히 가르쳐야 한다고 조급한 마음을 가질 수 있다. 하용조 목사는 교회 안에서 사귐의 소중함을 말하면서 교인들에게 다음과 같이 늘 강조한다.

"교회 안에 더 친할 사람도 없고 덜 친할 사람도 없습니다. 교회 안에 단짝을 만들지 않게 해야 합니다. 소위 지역, 학벌 등을 따져서 끼리끼리 모이지 말게 해야 합니다. 친한 사람들끼리 즉 단짝에서 사고나고 단짝에서 비판이 나오기 때문에 단짝은 꼭 떨어지라고 말합니다. 교회를 오래 잘 유지하려면 누구든지 예수님과 단짝이 될 뿐이지 사람끼리 끼리끼리를 만들면 안 됩니다. 목사는 더 친할 사람도 없고 더 친한 교인도 없어야 합니다. 다 똑같이 만나 주어야 합니다. 여기에서부터 그리스도 안에 진정한 펠로우십(fellowship)이 생깁니다."(1987년 두란노서원의 일대일 양육 세미나 '그리스도인의 교제')

교회를 오래 잘 유지하려면 교회 안에 단짝이 생기지 않도록 하여야 한다. 물론 단짝은 성도간에서 발생되지만, 담임목회자와 성도간에도 발생된다는 사실을 알아야 한다.

담임목회자가 1년간의 성경공부과정을 한 리더 그룹을 대상으로 마친 다음 다른 그룹을 가르칠 때 이전에 배웠던 리더들은 어떤 마음을 가질까?

그들은 담임목회자에게 소외감을 갖게 되고, 한편으로는 담임목회자에게 배운 성도라는 특권의식을 가질 수 있다. 또 1년여 걸쳐 담임목회자의 옆에 있게 되어, 담임목회자의 아쉬운 점을 더 많이 발견했을 것이다.

대형교회 성도들을 한번 살펴보자. 여러 가지 좋은 환경을 가지고 있기 때문에 새가족들이 많이 등록한다고 생각할 수 있다. 그런데 대형교회가 된 다음에 등록하는 새가족은 담임목회자에게 온전히 배우는 기회가 적다는 것이다. 담임목회자를 주일예배의 설교시간에 강대상에서 만나기만 할 수도 있다. 이것은 내가 다 가르쳐야 내 양이 된다는 것이 아니라는 반증이기도 하다.

담임목회자는 어느 부교역자나 성도와 더 가깝거나 덜 가까우면 안 된다. 담임목회자는 누구나 동일하게 만나 주어야 한다. 결국 성도들과 어느 정도 거리를 두는 목회가 요구된다.

성도들과 건강하게 거리를 두는 양육전략은 두 가지가 있다.

첫째, 부교역자가 있는 경우 동일한 과목을 담임목회자와 함께 동시에 개설하는 방법이다. 강사 선택권이 성도들에게 주어지는 것이다. 부교역자가 없는 개척교회라면 말씀묵상(큐티)과 일대일 나눔 성경공부 교사반을 사모가 맡는 것이 바람직하다. 이때 말씀묵상의 일부 이론 부문은 담임목회자가 맡는 것이 바람직하다.

둘째, 한 과목의 강사를 부교역자들과 분담하는 방법이다. 1강은 담임목회자가 가르치고, 2강은 부교역자가 담당하는 것이다. 강사를 강제로 로테이션하므로 성도들과 거리를 둘 수 있다.

이렇게 양육된 성도는 담임목회자에게 배웠다는 특권의식과 배운 후에 소외감을 가지지 않게 된다.

이 전략에 대해 현실성이 없다고 말하는 목회자들이 있을 것이다. 성도들과 건강하게 거리를 두는 양육전략은 온누리교회에서 실천된 사례를 다음과 같이 분석하여 제시한 것이다.

바람직한 후계자 계승목회(은퇴목회) 전략

온누리교회 하용조 목사가 건강이 좋지 않아 1980년 연예인교회를 사임하고 영국으로 갔다. 하용조 목사는 존 스토트 목사가 시무하였던 올 쏘울스 처치에서 접한 목회전략으로 '준비된 목회관'을 정립하는 계기가 마련되었다고 본다. 다음은 하용조 목사가 '두란노 인물별 성경연구' 프로그램(1986년)에서 '빌레몬서'를 강의하면서 한 말이다.

"서로 기능, 능력에 따라서 동역자 관계를 가질 수 있어야만 우리는 하나님의 나라를 이 땅에 펼 수가 있고 성숙한 교회상을 가질 수 있습니다.

영국에서 가장 유명하고 세계적으로 존경받는 존 스토트 목사님, 그 교회를 보면 물론 존 스토트 목사님이 계실 때는 존 스토트 목사님이 본인이 설교를 다 하셨어요. 그렇지만 그분이 은퇴하고 나서 그만한 설교자가 없기 때문에 그렇게도 했겠습니다 만은, 그 교회에 가면 아주 인상 깊은 모습을 하나 볼 수가 있습니다. 그 교회는 언제나 예배를 3개월 단위로 진행을 합니다. ······

3개월 전에 설교 프로그램과 모든 교회 프로그램이 다 프린트돼서 나옵니다. 그리고 아무리 유명한 사람이 와도 도중에 끼워 주지를 않습니다. 일단 결정되면. 그런데 12번의 설교를-대예배이지요-그 설교를 하는 것을 보면 순서가 참 재미있어요. 제일 첫날 설교는 담임목사님이 설교를 합니다. 그 다음 주일 설교는 부목사가 합니다. 그 다음 주일 설교는 교육목사가 합니다. 그 다음 주일 설교는 전도목사가 합니다. 그러니까 담임목사님은 한 세 번쯤 해요. 12번 중에서 제일 많이 하고, 다른 스태프들은 한 번씩 설교를 하고, 제일 마지막에는 존 스토트 목사님이 설교를 합니다. 그렇게 해서 12개의 설교를 하나의 시리즈로 묶어서 형태를 잡습니다. 그러면 30대의 젊은 목사가 설교를 할 때는 존 스토트가 사회를 봅니다. 그 머리 허연 영감이 사회를 보고 또 헌금 수전위원을 합니다. 우리 문화에서는 전혀 이해할 수 없는 것입니다. 우리는 그냥 담임목사가 왕이니까.

이건 문화가 달라서 그런 것입니다 만은 그 사람들은 두 가지예요. '하나는 사람이 중요한 게 아니라 본문이 중요하다. 본문이 중요한 것이지 누가 설교하느냐 이게 중요한 게 아니다.' 우리나라는 지금 누구 따라 교회 다닙니까? 예, 그 목사가 없으면 그 교회는 죽는 거예요. 그러니 교회가 커졌다 줄었다 뭐 그냥 난리지요. 이게 지금 건강한 모습일까 하는 얘기예요. 정상적인 모습일까, 신앙 생활에······".

온누리교회 창립 4개월 후인 1986년 2월에 시행된 말씀묵상(큐티)훈련 일정이다.

    2월 2일 큐티란 무엇인가? / 고무송
    2월 9일 큐티의 실제 / 하용조
    2월 16일 워크숍과 간증 / 고무송
    2월 23일 워크숍과 나눔 / 하용조
    (온누리교회, 한남동에서 약속의 땅까지, 온누리행전 ´4년, 서울: 온누리교회, 1999, 18)

온누리교회에서 1986년에 '일대일 사역 프로그램'을 처음 시작할 때 강의 일정이다.

    11. 9 남자 일대일 양육 지도자 훈련 시작
       — 매주 오후 5:00 / 하용조
       — 매주 오전 10:10 / 김낙웅
    (온누리교회, 한남동에서 약속의 땅까지, 온누리행전 14년, 서울: 온누리교회, 1999, 22)

온누리교회 초창기에 '일대일 사역 프로그램'을 여러 시도를 하며 정착시키던 때 남자 리더 대상 두 반을 하용조 목사와 부목사가 요일은 다르지만 각각 동시에 개설했다. 그리고 여자 리더는 여자 전도사가 따로 담당하였다. (1987년 두란노서원의 일대일 양육 세미나 '그리스도인임을 확신하는 방법').

1992년 순장(구역장) 임직훈련에서 강사 운영 방법이다.

5. 22 순장학교(12주 과정)
참된 목자 되게 하소서 / 강사 : 하용조 목사 외 11인
(온누리교회, 한남동에서 약속의 땅까지, 온누리행전 14년 서울: 온누리교회, 1999, 109)

대부분 목회자들은 당연히 담임목회자가 모든 강의를 담당해야 한다고 생각할 것이다. 하지만 온 성도를 한꺼번에 다 가르쳤어도 계속 새로 들어오는 성도가 있다. 성도양육은 멀리 보고 서서히 반복하는 것이 더 효과적이다.

온누리교회는 하용조 목사가 국내에 없을 때 여러 부교역자들이 같은 본문에 한 제목으로 설교하도록 하고, 설교자를 로테이션 체제로 운영했었다.

2003년 3월 30일 주보(제19권 13호)
성경봉독 1-5부 행 27:1-20
설교-폭풍의 원인
1부: 여성민 목사
2부: 한홍 목사
3부: 김동국 목사(당시 수석 부목사)
4부: 김동국 목사
5부: 박인용 목사

많은 담임목회자들은 자신의 설교 패턴을 부교역자들이 잘 익히기를 원할 것이다. 성도들도 담임목회자와 같은 패턴으로 하는 부교역자의 설교를

들을 때 거부감이 덜할 것이다. 부교역자들이 담임목회자의 설교 패턴을 빨리 익히게 하는 전략을 생각해 보자. 담임목회자가 선교여행 등으로 교회를 잠시 비울 때, 대부분 교회는 외부 설교자를 초빙하지만 온누리교회 전략을 활용하면 가능해진다. 모든 부교역자들을 강단에 세워 로테이션 체제로 설교하도록 한다. 부교역자들의 설교에 대한 공정한 평가는 설교를 들은 회중, 즉 성도들이 하게 될 것이다.

우리나라 많은 교회가 후계자 문제로 고민을 하고 있다. 은퇴하면 아예 외국으로 나가 전에 시무하던 교회에 일절 관여하지 않겠다는 목회자도 있다.

바람직한 후계자 계승목회(은퇴목회)는 어떻게 해야 하나? 각종 강의나 설교에서 원로목사와 후임목사가 함께 분담하면서 서서히 성도들과 거리를 두는 전략이 바람직하다고 본다.

후임목사가 청빙되어 위임예배를 드리기 전까지 공동목회를 하면서, 주일예배 설교를 초기에는 한 달에 세 번은 원로목사가 한 번은 후임목사가 하는 것이다. 점차 후임목사가 설교하는 횟수를 늘여 나가서 위임예배를 드린 후 상당기간 동안 원로목사가 한 달에 한 번 후임목사가 세 번 하는 전략이 바람직하다.

원로목사는 당장에 설교를 못하는 아쉬움이 덜할 것이고, 그리운 성도들을 조금이라도 만나는 시간을 갖게 되어 흡족한 마음을 가질 것이다. 후임목사는 원로목사의 지원으로 새로 만난 성도들과 서서히 천분을 가질 수 있는 시간을 마련하게 되어 안도감을 가질 것이다. 성도들은 원로목사를 그리워하는 마음을 서서히 접고 후임목사에게 마음을 두게 될 것이다.

설교훈련을 겸한 양육체계 : 성경공부반과 구역에서 무엇을 가르치나?

1997년 '온누리사역축제(OMC)' 주제강의(9강 '참된 설교')에서 온누리교회 하용조 목사는 "설교는 예배의 심장과 같다"고 하면서 아주 재미있는 목회 경험을 이야기해 주었다.

"제가 목회를 하면서 좋은 걸 하나 배웠어요. 설교를 잘하면 뭐든지 다 용서해요. 설교를 잘 못하면요 용서 안 해요. 뭐든지 다 트집 잡아요. 그게 설교더라고요."

효과적인 성도양육을 하면서 목회자의 설교훈련도 겸하는 양육방법을 생각해 보자.

먼저 초신자를 포함하여 성도들이 가장 재미있게 배울 수 있는 성경공부는 무엇일까? 목회자마다 여러 의견을 제시할 것이다. 나는 인물별 성경연구라고 생각한다. 인물별 성경연구 방향에 대해 하용조 목사는 다음과 같이 말했다.

"성경에 나오는 인물들을 연구할 때 우리들이 기본적으로 늘 마음속에 생각하고 있어야 되는 원칙 하나는 이 인물을 통해서 보여 주시는 하나님이 누구신가를 보는 겁니다. 그 인물을 통해서 나타나시는 예수 그리스도가 누구신가? 이 인물을 통해서 성령님은 어떻게 역사하셨는가? 그 사람을 통해서 보여 주시는 하나님에 대해서 깊이 관심을 가져야 합니다. 아브라함이 중요한 것이 아니라 아브라함의 하나님이 중요합니다. 이삭도 중요하지만 이삭의 하나님이 더 중요합니다. 우리는 야곱에 대해서 공부할 때 야곱을 키우시는 하나님에 대해서 더 관심 있게 공부를 합니다. 두 번째 우리가 인물을 공부할 때 늘 마음속에 가져야 되는 또 하나의 사실은 그 인물을 통해서 나 자신을 돌이켜보는 일입니다. 그 인물이 가지고 있는 약점이 내게 없는가?

그 인물이 가지고 있는 실수는 내게 없는가? 그 인물이 가지고 있는 놀라운 교훈 중 내게 적용시킬 수 있는 것이 없는가? 이렇게 그 인믈을 통해서 자기 자신을 돌이켜보는 일입니다."(1985년 '두란노 인물별 성경연구', 모세1)

워렌 W. 위어스비는 인물설교의 효과를 다음과 같이 잘 이야기한다.

"해리 파라(Harry Farra)에 따르면, 인물설교는 설교하는 영역에서 가장 효과적인 결과를 얻어낼 수 있는 설교방법이라고 한다. 인물설교는 성경강해와 '생활현장' 설교의 장점을 합친 설교방법이기 때문이다. 사람들은 다른 사람들에 관한 이야기를 좋아한다. 그래서 성경인물들의 이야기 역시 사람들의 흥미를 자아낸다. 사람들은 성경인물들이 오늘날의 우리와 그리 다르지 않다는 것을 알고는 내심 놀란다. 당신이 성경인물을 설교할 때, 추상적인 진리를 구체적으로 제시하게 되고, 보편적인 원리를 매우 개인적인 원리로 드러나게 할 수 있다. 인물설교는 말씀에 육과 혈을 입히는 것이다."(워렌 W. 위어스비, 상상이 담긴 설교–마음의 화랑에 말씀을 그려라!, 이장우 역, 서울 : 요단출판사, 2002, 181)

성경 안의 인물은 신·구약 전체에 등장한다. 따라서 목회자가 인물별 성경연구를 준비한다는 것은 성경 전체를 연구하는 유익이 있다. 결국 설교준비를 겸하게 되는 것이다. 개척준비를 위한 모임이나 개척 초기에 담임목회자가 소수의 성도들과 함께하는 성경공부로 적극 추천할 수 있다.

설교훈련을 겸할 수 있는 성경공부는 또 무엇이 있을까? 나는 책별 성경공부라고 생각한다.

많은 목회자들은 출판된 여러 교재를 채택하여 성경공부를 가르치고 있다. 물론 잘 만들어진 교재를 사용하면 성도들을 잘 가르칠 수 있다. 하지만 처음 교재를 다루는 목회자 입장에서 보면 성도들을 잘 가르치기 위해 교재를 연구하는 시간이 많이 소요된다. 여러 해에 걸쳐 다루었다고 하여도 가르치기 위해서는 잠시 시간을 내어 준비하여야 한다. 그리고 가르치는 시간이 있다는 것은 그 교재에 그만큼 시간을 할애하고 있다는 것이다. 결국 목회자가 다양한 컨텐츠를 개발할 기회를 놓치게 되어, 궁극적으로는 목회자의 발전에 걸림돌이 될 수 있다.

성도들을 책별로 가르치려면 먼저 자신이 책별 성경공부 교재를 만들어야 한다. 교재를 만들기 위해서 당연히 성경 본문을 연구하게 된다. 앞으로 언젠가 다룰 설교 준비를 하게 되는 것이다.

그리고 설교훈련을 겸할 수 있는 구역모임 교재도 생각해 보자. 많은 목회자들은 당연히 주일 설교를 활용한 구역예배 교재를 만들어 삶을 나누도록 해야 한다고 말할 것이다. 성도들에게는 담임목회자의 설교를 완전히 이해할 수 있는 기회가 되지만, 목회자 입장에서 보면 이미 설교한 본문을 다시 연구하는 방법이다. 또 설교 내용을 가지고 삶을 잘 나누도록 하는 교재를 만들기 위하여 연구하는 시간이 많이 들어간다.

여기에 성도 기초양육에서 말씀묵상(큐티)을 채택해야 하는 이유가 있다. 출판된 말씀묵상 교재를 사용하다 보면 신·구약 성경전체를 다루게 된다. 목회자 입장에서 보면 매일 매일 오늘의 말씀묵상은 미래의 주일설교 준비가 되는 것이다. 그리고 말씀묵상 교재에 나와 있는 구역예배 교재는 이미 삶을 나누도록 만들어져 있다.

자율훈련 양육체계 정리하기

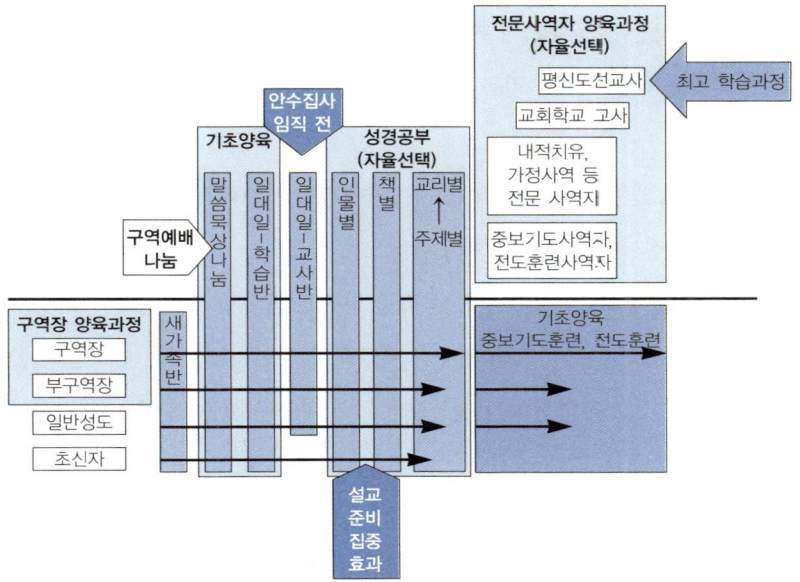

〈자율훈련 양육체계도〉

위 그림은 이제까지 살펴본 내용을 종합하여 정리한 '자율훈련 양육체계도'이다.

제일 큰 특징은 구역장 양육과정과 전문사역자 양육과정을 분리하여 엘리트 부교역자와 엘리트 평신도사역자 배출을 가능케 하는 시스템이다.

예를 들어 중보기도훈련과 전도훈련도 모든 성도들이 받는 기초양육과정이 있다. 중보기도사역과 전도사역에서 은사에 따라 다른 성도를 훈련시키는 평신도사역자를 배출하는 전문사역자과정을 개설하여 엘리트 평신도사역자가 제도적으로 세워질 수 있도록 하였다.

성도 그룹마다 과정을 마치는 정도는 화살표의 길이로 나타내고 있다.

성도들에게 자율훈련을 작동시키는 '거룩한 부담'은 부구역장과 일대일 나눔 교사에서 나온다.

이것이 모든 성도들에게 획일적으로 적용하여 단계별로 교육시켜 훈련된 구역장을 배출시키는 전통적인 구역중심 교회의 양육체계와 다른 형태이다.

모든 성도들이 다 마쳐야 하는 기초양육과정은 교회 형편에 따라 기준을 정하되 안수집사 임직을 위한 필수과정으로 적용하는 것이 바람직하다.

안수집사, 장로 그리고 권사 등 각종 임직과정은 단기 교육 이수과정으로 운영하므로 자율훈련 양육체계와 별개로 적용한다. 이것은 성도를 직분으로 세우는 것보다 헌신하는 전문사역으로 세우는 것을 더 중요하게 여기는 목회구조임을 나타내고 있다.

실제로 온누리교회는 사역에 헌신을 더 중요시한다. 1992년까지는 시무장로, 안식장로 및 협동장로 체제였으며, 1993년부터 사역장로 체제가 도입되었고, 2001년부터는 1인 1사역체제로 전환하면서 시무장로 제도가 아예 폐지되었다(온누리신문 제335호, 2001년 4월 29일, 16면 '섬기는 분들').

1997년 7월부터 사역장로 중 몇 명이 '당회운영위원회'에서 2년 임기의 당회위원으로 섬기고 있다.

위 '자율훈련 양육체계도'를 본 목회자들 중에 일부는 교회 창립기간과 성도 규모에 따른 '단계별 자율훈련 양육체계'를 다시 요구하기도 한다. 이러한 요구는 목회자의 생각이 성도들을 단계별로 훈련시켜 훈련된 구역장을 배출하는 전통적인 목회구조에서 아직도 벗어나지 못하고 있기 때문에 발생된다.

'단계별 자율훈련과목'은 교회에서 일률적으로 제시하는 것이 아니라 성도 자신의 '필요'에 따라 각자 결정한다. '필요'는 '거룩한 부담'과 성도 각자의 은사와 열정에 따른 '전문사역에 대한 비전'이 만들어 낸다. 따라서 성도들은 자신의 신앙성숙 '단계'에 따라 필요한 '학습과목'을 스스로 찾아서 자율적으로 훈련받게 된다.

마지막으로 양육시스템을 정립하는 데도 또다시 방향을 잡고 나가야 한다. '꿔다 놓은 보릿자루' 신세인 초신자 남자성도들이 잘 훈련받도록 하는 데 초점을 맞추어야 한다. 이제부터 열심히 배우는 성도들보다, 배우라고 하면 자꾸 피하는 남자성도에게 더 관심을 기울여야 한다.

양육과정을 정립할 때 유의할 사항은 '목회자의 의욕'과 '성도가 받는 부담'은 정비례한다는 것이다. 목회자의 의욕으로 무조건 배우는 기간을 길게 잡으면 '꿔다 놓은 보릿자루' 신세인 초신자 남자성도들은 미리 부담을 가지고 더 피하게 된다.

따라서 프로그램 진행 기간을 잘 조정하여야 한다. 모임 시간이 고정되어 있다면 4-12주 정도가 바람직하다. 모임 시간을 자율 조정할 수 있다면 16주까지도 가능하다. 임직과정이라면 최대 12주까지가 적정하다. 그러나 12주 이상이 되면 전문사역자 양육과정에서 학기제로 운영하는 것이 바람직하다. 출석확인은 새가족반이나 임직과정 그리고 교사과정 등 전문사역자 양육과정에 적용하는 것이 바람직하다. 숙박을 하는 교육은 리더교육에 바람직하다.

이러한 '자율훈련 양육체계'를 현재 잘 적용하고 있는 본보기 교회로 미국에 있는 올네이션스교회(ALL NATIONS CHURCH, 온누리교회-LA, 유진소 목사 시무)가 있다. 유진소 목사는 서울에서 온누리교회를 부목사로 섬겼고 말씀묵상과 내적치유사역자로 잘 알려져 있다.

이 교회에서 성도들에게 제시하고 있는 양육체계는 다음과 같다.

(자료 : http://www.onnurila.com/content.html?page_name=church_info_1)

온누리교회에서 사역자(제직)가 되기 위해 받아야 할 훈련들

· 새가족반(7주)

· Q.T. 세미나(8주)

· 내적치유 세미나

· 일대일 동반자반(16주)

· 일대일 지도자반(16주)

· 일대일 실천사역(16주)

· 일꾼양육(10주)

기타 훈련 프로그램

· 선교훈련, 교사대학, 전도교실, 성경대학, 예배 세미나, 중보기도 세미나, 부부 세미나, 재정 세미나, 자녀교육 세미나, 창조과학 세미나, 기타 성경공부

· 예비 다락방장 훈련(8주) : 다락방장으로 사역하기 위해 필요한 훈련을 받는다. 새가족반, Q.T.세미나, 내적치유 세미나를 기본적으로 훈련받아야 한다.

제직이 되기 위한 필수과목은 올네이션스교회의 '내적치유 세미나' 와 같이 담임목회자의 목회철학에 따라 과목구성을 조정할 수 있다. 이 교회에서 필수과목별 훈련기간은 훈련받는 데 시간이 걸리는 '내적치유 세미나'를 제외하고 최대 4개월 이내의 단기 훈련일정으로 개설되어 있다. 단기간 일정은 아무리 직장업무가 바쁜 성도라도 눈 한 번 딱 감고 교회에 나올 수 있는

기회를 스스로 마련하게 만든다.

'기타 훈련 프로그램'을 살펴보면 선교훈련이 제일 앞에 있고, 각종 훈련과 성경공부를 모두 다 성도들이 자율적으로 선택할 수 있도록 하였다.

대부분 교회에서 채택하고 있는 '훈련된 구역장을 세우는 양육체계'는 단계별 훈련과목을 제시하기 때문에, 성도들은 하나를 마치면 다음 과목을 또 배워야 한다는 부담을 가지게 된다. 이때 성도들은 계속 배워야 되기 때문에 미리 숨쉴 틈이 없다고 느끼게 된다.

그러나 '자율훈련 양육체계'는 처음 보는 새가족뿐만 아니라 기존 성도들에게도 부담감을 주지 않는다. 필수과목이 몇 개가 제시되어 있어도 제직이 될 때까지 천천히 마치면 된다는 생각을 우선 하기 때문이다. 여러 훈련과 각종 성경공부는 담임목회자 입장에서 보면 사실 성도에 따라 전부 다 수강하도록 하는 것이다. 그러나 성도 입장에서 보면 스스로 선택하기 때문에 과목이 아무리 많이 개설되어 있어도 반드시 수강하여야 한다는 부담을 처음부터 가지지 않는다.

'자율훈련 양육체계'를 접한 어느 목회자는 기존에 훈련된 구역장을 세우는 양육체계에서 개설하였던 과목들을 다시 정리한 후 "성도가 배우는 과목이 기존의 훈련된 구역장을 세우는 양육체계와 비교할 때 결국은 똑같다."고 말하였다.

맞는 것 같지만 틀린 말이다. 개설과목은 똑같더라도 '자율훈련 양육체계'로 바꾸면 성도마다 배우는 과목이 각기 다르다. 아무리 이것저것 숨 돌릴 틈 없이 많이 배우게 해도 성도가 받는 부담은 거의 없다는 핵심 포인트를 놓쳐서는 안 된다.

'자율훈련 양육체계'로 전환하는 실습

아직도 '자율훈련 양육체계'에 대하여 잘 이해하지 못하는 목회자를 위하여 마지막으로 구체적인 예로 설명하겠다. 이제까지 훈련된 구역장을 배출하기 위하여 4단계 교육과정을 개설하고 있었다고 가정하자.

제일 먼저 해야 될 작업은 각 교육과정마다 훈련기간을 살펴보아야 한다. 한 과정을 마치는 기간이 12주가 넘는다면 당연히 성도들이 받는 부담을 줄여 줘야 한다.

성도의 부담을 줄여 주는 방법은 두 가지가 있다.

첫째, 교재에서 다루는 부분을 간추려서 한 시간에 2-3과씩 나가는 방법이 있다.

둘째, 과목 편성을 다시 해서 12주 이내에서 최대 한 학기 분량(16주)으로 분할해서 다루는 것이다.

이때 주의할 사항은 학기제로 편성하면 전체 학기를 다 들어야 한다는 것을 묵시적으로 강요하게 된다. 따라서 학기제는 평신도선교사훈련학교, 교사대학, 내적치유학교 그리고 중보기도사역자학교 등과 같이 목적성을 가진 교육에 적용하는 것이 바람직하다.

따라서 한 과목을 분할하는 경우 각각 독립된 과목으로 개설해야 한다. 그래야 성도들은 전체를 다 수강해야 한다는 '강요'에서 벗어나고, 선택해서 수강하는 '자율훈련'의 진정한 의미를 누리게 된다.

이제부터 실제 사례연구를 해보자.

담임목회자가 이전 교회에서 충분히 훈련을 받았다고 인정하는 수평이동 교인이 등록할 수 있다. 이 훈련된 새가족이 1-3단계 교육과정을 거치지 않고 마지막 4단계만 등록과 동시에 바로 배우도록 하여 구역장으로 세울 방법이 무엇일까?

만일 담임목회자가 특별히 인정해서 4단계에 그냥 들어가게 하면 기존 성도들은 그 새가족에게 특혜를 준다고 반발할 수 있다. 또 담임목회자도 마지막 4단계만큼은 모든 성도들이 계속 배웠으면 할 수 있다.

해결방법은 현재 1-3단계는 선택양육과정으로 바꾸고, 4단계만 등록과 동시에 누구나 배울 수 있는 기초양육과정으로 조정하면 된다. 수평이동 교인을 조기 정착시키고 세울 수 있는 것이 바로 '자율훈련 양육체계'의 목회적 유익이다.

그런데 그 새가족을 4단계만 마친 후 그냥 구역장으로 세우기에는 기존 성도들에게 무언가 설득력이 부족하다.

해결방법은 기본양육과정으로 구역장 임직교육을 별도로 개설하는 것이다. 단기 임직교육을 마치면 자격이 부여되기 때문에 모든 성도들도 인정할 수밖에 없다.

이제 또 다른 문제가 생긴다. 1-3단계를 선택양육과정으로 바꿨기 때문에 기존에 교육받지 않은 성도들은 혼란스럽게 된다. 무엇부터 배워야 하는지, 또 다 배워야 하는지 그리고 언제까지 배워야 하는지 궁금증이 생긴다. 선택양육과정으로 바꿨다는 것은 성경공부반을 초급, 중급 그리고 상급과정으로 3과목을 개설했다고 생각하면 간단하다.

해결방법은 선택양육과정인 1-3단계는 원하는 성드만 듣도록 하면 된다. 다만 기초양육과정인 4단계만큼은 안수집사 임직 전까지 마치도록 하면 성도들은 마음에 부담을 가지지 않는다. 성도마다 자신의 수준에 따라 4단계를 수강하기 전에 1-3단계 중에서 선택해서 배우게 된다. 자신이 많이 부족하다고 생각하면 당연히 1-3단계를 모두 다 배울 것이다. 결국 1-4단계를 전부 수강한 성도라도 자신이 스스로 선택했기 때문에 부담을 가지지 않는다. 그리고 자신이 원해서 듣기 때문에 열심히 배우게 된다.

여기에서 목회자들은 스스로 선택한 성도를 제외하고 다른 많은 성도들도 1-3단계를 열심히 참여해서 배울까 고민하게 된다. 그 고민은 기초양육과정에서 일대일 나눔 성경공부를 도입해서 전교인 대상으로 일대일 나눔 교사를 확산시키면 해결된다. '거룩한 부담'이 1-3단계를 스스로 찾아 열심히 배우는 성도를 만든다.

마지막으로 목회자가 생각할 때 성경공부가 선택적으로 운영되면 성도들 중에는 말씀을 전혀 배우지 않는 성도도 있을 것이라는 염려를 하게 된다. 성도들이 기본적으로 말씀을 보도록 하는 프로그램이 필요하게 된다. 말씀묵상(큐티)은 매일 매일 말씀을 보고, 또 말씀을 보는 눈을 열어 주는 프로그램이다. 나아가 말씀으로 삶을 나누므로 교회 공동체에 치유와 회복이 있게 된다.

자! 이왕에 말씀묵상을 도입하기로 결정했다면 최대한의 목회적 유익을 얻어야 한다. '남자성도가 나오는 교회 만들기' 관점에서 처음부터 다시 생각하면 모든 것이 풀린다.

결국 현재 운영 중인 1-4단계 교육과정을 모두 선택양육과정의 성경공부반으로 전환해도, 필요성을 느끼는 성도는 안수집사가 된 뒤에도 스스로 다 찾아서 배우게 된다.

여전히 이제까지 진행해 온 1-4단계 전체 교육과정을 성도들에게 계속 가르치고 싶은 목회자가 있을 것이다. 일부 성도들은 또 흐지부지 그만두는 것이 아닌가 하고 목회자를 불신할 수 있다. 하나의 방법이 있다. 담임목회자의 목회철학에 따라 '선교하는 공동체'의 비전을 이루기 위해 '평신도선교사훈련학교'의 4학기 기본필수과정으로 운영하면 된다. 담임목회자가 복음으로 열방을 향해 나아가는 '선교'를 강조하면 할수록 많은 성도들이 각자 시간이 허락되는 대로 참여할 것이다. 이미 4단계 전 과정을 마친 성도들은 당연히 4학기를 수료한 것으로 인정해서 수료예배를 통해 '평신도선교사훈련학교 기본필수과정 수료증'을 주는 것이다. 자칫 목회자를 불신할 뻔했지만, 이제는 매우 기뻐하고 새롭게 평신도선교사의 비전을 가질 것이다.

'자율훈련 양육체계'로 전환하는 핵심은 기초양육과정에 말씀묵상과 일대일 나눔 성경공부를 도입하는 것이다. 그리고 어느 교회나 현재 훈련된 구역장을 세우기 위하여 운영하고 있는 단계별 교육과정은 모두 선택양육과정의 성경공부반으로 전환하는 것이다. 그 방법이 오히려 교육효과를 더 높일 수 있다는 최종 결론에 공감할 것이다.

성도들에게 부담을 최대한 주지 않으면서 탁월한 리더로 양육할 수 있는 방법이 '자율훈련 양육체계'의 숨은 목회비밀이다.

이제까지는 대개 담임목회자가 장년성도 교육을 전담하여 왔을 것이다. 선택식 성경공부반 강사를 과감히 부교역자들에게 넘기고, 교재도 부교역자들이 자체적으로 만들게 하면 탁월한 엘리트 부교역자도 배출되는 교회로 전환될 것이다.

6단계

[개척목회전략 1] 최고 리더의 마음을 잡으면 온 성도들의 마음도 잡는다!

— 최고 리더(장로, 권사) 마음 잡기 : 목사님보다 사모님께 배우니까 더 좋네요

담임목회자가 무언가 새로운 것을 시작하려 할 때 대부분 훈련된 리더들과 함께 시작한다. 예를 들어 외부 기관에서 세미나를 참석해서 훈련받아야 한다면, 당연히 낮에 시간이 허락되는 유능한 여자 구역장들 중에서 몇 명을 선정해서 보낼 것이다. 나는 여러 교회를 대상으로 컨설팅사역을 하면서 담임목회자들이 바로 이 점에서 첫 단추를 잘못 끼워 교회 안에서 어려움을 겪는 경우를 종종 보았다.

담임목회자가 교회 안에서 무언가 새로운 것을 시도하려면, 무엇보다도 최고 리더인 장로와 권사급 리더가 담임목회자의 목회방향에 긍정적인 반응을 가지게 만드는 것이 제일 중요한 일이다. 만일 담임목회자가 유능하다고 젊은 남자나 여자 집사급 리더를 선발하여 세우면, 연로한 장로와 권사급 리더들은 당연히 서운한 마음을 가지게 된다. 아무리 좋은 프로그램이라고 하여도 특히 권사급 리더가 서운한 마음을 가지게 되면, 이후로 교회 안에서 비바람이 일기 시작할 수 있다는 사실을 기억해야 한다.

'남자성도가 나오는 교회'로 전환하는 것도 마찬가지이다. 담임목회자

가 최고 리더의 마음을 최우선적으로 잡지 않으면 가시밭길을 걷게 되거나, 서운한 마음을 가진 최고 리더들이 교회를 떠나게 되어 교회재정에 어려움을 겪게 되는 경우도 발생될 수 있다.

장로와 권사급 리더들의 마음을 잡을 수 있는 탁월한 전략

그렇다면 연로한 장로와 권사급 리더들의 마음을 잡을 수 있는 탁월한 전략은 무엇일까?

어느 교회나 최고 직분자는 현재 구역장이나 교회학교 교사를 섬기고 있거나, 과거에 섬겼던 리더에 해당된다. 바로 가르치는 은사를 받은 성도들인 것이다. 그들에게 장년성도가 장년성도를 가르치는 사역의 장을 열어 주는 것이다.

이제까지는 항상 학습자 위치에 있었지만, 마음으로는 장년성도들을 가르치고 싶은 열정이 충만하다는 것을 간과해서는 안 된다. 최고 리더들에게 단순 학습자에 불과한 배움의 장은 일단 오더라도 마음에 기쁨이 넘치지 않는다. 그러나 배운 다음에 교사로 세워진다는 것을 미리 알려주면 부담을 가진다 하더라도 소망과 기대를 가지고 참여하게 된다.

그러한 사역으로 가장 바람직한 프로그램이 평신도가 말씀을 가지고 최대 4명까지 섬기는 '일대일 사역 프로그램'이다.

'남자성도가 나오는 교회 만들기'는 기존 직분을 무시하고 누구나 세워질 수 있는 장이 열리는 '자율훈련교회'로 갱신되는 것이다. 따라서 담임목회자가 제일 먼저 성도대상 사역으로 시작하는 프로그램으로 일대일 나눔 성경공부를 제시하는 이유가 바로 최고 리더의 마음을 가장 쉽게 잡을 수 있는 전략이기 때문이다.

'일대일 사역 프로그램'에 대한 잘못된 인식

온누리교회에서 실천되는 일대일 사역은 모든 성도들이 다 교사(양육자)가 될 수 있는 프로그램이다. 현재 어느 성도가 학습자반(동반자반)을 마친 후 자신이 덜 훈련되어 있다고 생각되면 일대일 나눔 교사반(양육자반)에 들어가지 않아도 된다. 그러나 나중에 자신이 원하면 언제라도 교사반에 들어갈 수 있다. 늦게 교사가 되더라도 똑같은 자격이 부여되는 '열린사역시스템'인 것이다.

나는 여러 담임목회자나 사모 그리고 교회 리더들을 만나면서 "우리 교회에서도 일대일을 한다."는 이야기를 많이 들었다. 그런데 내부 운영 상황을 좀 더 들어 보면 대개 일부 교사들만 세워져서 일대일 사역을 전담하고 있는 것을 발견한다. 심지어 담임목회자의 사모 혼자서 모든 성도들을 일대일로 가르치는 경우도 보았다.

또 새가족반을 평신도 교사들이 일대일로 섬기고 있는 교회도 있다. 이 또한 진정한 일대일 사역의 의미에서 보면 훈련된 일부 교사가 전담하고 있는 것으로, 온전한 '일대일 사역 프로그램'이라고 말할 수 없다.

개교회에서 말씀묵상(큐티)을 도입하여도 '남자성도가 나오는 교회'를 만들지 못한다면, 말씀묵상을 통하여 얻을 수 있는 최대한의 목회적 유익을 얻지 못한다고 하였다. 마찬가지로 '일대일 사역 프로그램'을 도입하고도 '자율훈련교회'를 만들지 못한다면, 이 또한 일대일 사역이 가지는 목회적 유익을 최대한 얻지 못하고 있음을 알아야 된다. 반드시 전성도 대상으로 일대일 나눔 교사를 세워야 자율훈련문화가 온 교회에 충만하게 되는 것이다.

일대일 나눔 성경공부를 처음 시작하는 순서

대부분의 개교회에서 일대일 나눔 성경공부를 처음 시작할 때, 담임목회자들은 교사로 세워질 만한 리더가 누구인지를 생각한다. 그렇게 하면 리더 중에서 누구는 교사로 세우고, 누구는 제외하게 되어 성도들이 '공정한 평가를 받는 교회'가 되지 못한다. 성도들의 불만은 자신이 제의되는 '섭섭함'에서 시작된다.

이제 개교회에서 일대일 나눔 성경공부를 처음 시작할 때, 반드시 장로와 권사급 리더부터 교회 서열을 따라 순차적으로 시작하여야 한다. 여러 명이 동시에 장로로 장립된 리더 그룹이 있다면, 피택 투표시 득표순위마저도 반드시 지켜서 차례로 세워야 한다. 만일 그 서열을 어기게 되면 이후로 당회에서 폭풍우가 휘몰아치리라는 것을 미리 각오해야 한다.

'온누리교회 따라잡기' 성공 전략 – 글을 잘 모르는 권사도 교사가 될 수 있는 방법

'일대일 사역 프로그램'을 온 세상에 전하고 있는 온누리교회에서 겪고 있는 어려움에 대한 하용조 목사의 말을 들어보자.

> "저희 교회가 가지고 있는 것 중에 급한 게 몇 가지가 있어요. ……새신자들이 굉장히 많이 들어왔는데 일대일 가르칠 사람이 없습니다. 오늘 제가 보고를 받으니까 일대일 가르칠 만한 사람 가운데 가동률이 20%밖에 안 된데요. 회개하시고……. 일대일 지도자반을 하신 분들은 쉬면 큰일납니다."
> (2004. 3. 14. 3부예배 광고)

나는 일대일 나눔 교사(양육자)의 가동률이 20%밖에 안 되는 이유를 온누리신문에 난 기사에서 발견할 수 있다고 본다.

"일대일은 부담스럽다. 짧은 성경지식으로 누굴 가르치기란 낯뜨거운 일이며 따로 시간 내는 것 자체가 숨 가쁜 일상을 더 지치게 할 뿐이다. 그러나 베테랑 양육자들은 이 같은 고정관념을 부인한다. 사실 일대일은 가르치는 게 아니라 스승을 모시는 것이고 늘 깨어 성장토록 하는 영적 에너지이다. 자신 있고, 없고의 문제는 더 더욱 아니라는 것." (온누리신문 제454호, 2003년 9월 28일, 11면)

베테랑 일대일 나눔 교사들도 사실 자신이 처음 일대일 나눔 교사가 되었을 때를 뒤돌아보면, 짧은 성경지식으로 부담을 가졌던 기억이 되살아나서 공감할 것이다.

많은 교회들 가운데는 글을 잘 모르는 리더들도 있을 수 있다. 그들도 교사가 되지 않으면 당연히 소외감을 느낄 뿐만 아니라, 자신이 평생 동안 가슴 아프게 생각하는 배우지 못한 아쉬운 상처를 담임목회자가 공개적으로 건드는 형국이 된다.

결론은 쉬운 교재를 선택하는 방법뿐이다. 최고 리더뿐만 아니라 처음 교재를 만나는 모든 성도들에게 긍정적인 반응을 가지게 하려면 배우는 성경공부 교재가 우선 쉬워야 한다. 쉬워야 하는 이유는 배우는 도중에 이미 나도 가르칠 수 있겠다는 자신감을 부여받을 수 있기 때문이다. 첫 시간에 최고 리더 학습자에게 이런 마음이 들도록 한다면 이미 담임목회자의 목회 방향에 적극 호응하는 리더가 되게 된다.

그리고 교재는 재미가 있어야 된다. 재미있는 교재는 과연 어떤 것일까? 학습자간에 서로 자신의 경험과 삶을 이야기하도록 편집된 교재는 서로 나눌 때 재미를 더하게 한다.

일대일 나눔 성경공부를 할 때, 교재를 다루는 방향에 대해 하용조 목사는 다음과 같이 말한다.

"일대일 교재라는 것은 하나의 수단에 불과한 거예요. 진짜 중요한 것은 일대일 교재라는 걸 가지고 그 두 사람이 만나는 거예요. 자기의 삶을 공개하는 거예요. 영적으로 아이를 낳는 거예요. 여러분, 자기가 아이를 낳으면 그 아이는 못 버려요. 이게 양육이에요."(1997년 '온누리사역축제(OMC)' 주제강의 제5강 '양육체계')

교회시스템 전략연구소에서 발굴하여 보급하고 있는 일대일 나눔 성경공부 교재 쉴 만한 물가으로(도서출판 이레서원, 김완섭 지음)는 하용조 목사의 말대로 각자 자기의 삶을 자신의 경험을 바탕으로 잘 나눌 수 있도록 편집되어 있다. 이 교재를 채택한 어느 교회에서 첫 시간을 마친 장로의 이야기를 주일예배시간에 홍보 비디오로 다음과 같이 방영하였다.

"오늘 처음 일대일 공부를 시작해 보았는데, 생각보다 굉장히 쉬웠습니다. 그리고 자신감도 생기고 앞으로 열심히 하겠습니다."

마찬가지로 어느 교회에서 글을 잘 모르는 권사 한 분의 이야기를 사모로부터 전해 들었다. "사모님, 이렇게 쉬운 교재라면 나도 가르칠 수 있어요. 저도 학습자를 연결해 주세요."

이렇게 최고 리더의 마음을 잡는 것은 온 교회 성도들의 마음도 이미 얻은 것이나 다름없다.

교재가 쉬워야 되는 또 하나의 중요한 이유

전체 교인들을 대상으로 장년성도가 장년성도를 가르치는 성경공부 교재가 쉬워야 되는 아주 중요한 이유가 또 있다. 성도들이 다루는 성경공부

교재의 수준은 항상 목회자나 교역자가 가르치는 교재와 달라야 한다. 그렇지 않으면 평신도 교사가 "수준 높은 교재를 잘 가르친다."는 칭찬을 받으면서 자만심을 가질 수 있기 때문이다.

삶을 나누면서 가르치는 것도 기술이 필요하다

아무리 재미있고 쉬운 교재를 채택하였어도 교사가 어떻게 인도하느냐에 따라 학습자의 반응이 달라진다. 여기에서 목회자들이 유의할 사항이 있다.

목회자들은 교재를 가르칠 때 성경지식을 잘 가르치려는 데 초점을 맞추고 있다. 아무리 교재가 각자 자신의 생각과 삶을 나누도록 편집되어 있어도, 목회자들은 학습자에게 성경지식을 묻는 데 익숙해져 있다. 학습자에게 자연히 질문을 많이 하게 된다. 그렇게 되면 학습자들은 재미를 못 느끼게 된다. 따라서 자신의 삶을 드러내는 나눔을 하면서 가르치려면 다시 훈련을 받아야 한다. 교회시스템 전략연구소에서는 '교회갱신 프로젝트'를 통하여 담임목회자와 사모가 훈련받는 사역을 섬기고 있다.

교회 안에 목회적으로 안전한 '교역자급 교사'를 확보하라

말씀묵상(큐티)도 그렇지만, 일대일 나눔 성경공부는 일대일 나눔 교사와 학습자 성도가 각자 자신의 삶을 나누게 되어 '멘토링'이 형성되는 프로그램이다. 어느 특정 부교역자나 리더가 '말씀묵상사역'과 '일대일 사역 프로그램'을 전담하게 되면, 자칫 교회 공동체에 바람직하지 못한 결과를 빚게 된다.

이제 목회적으로 안전한 '교역자급 교사'를 확보해야 한다. 바로 담임목회자 사모가 대안이 된다. 나아가 자신의 삶을 나누는 데 익숙하지 못한 목회자들을 돕기 위하여 목회자의 사모를 활용하는 전략이 효과적이다. 어느 교회에서 최고 리더인 장로 부부 2가정이 일대일 나눔 성경공부를 담임목회자 사모의 인도로 첫 시간을 마쳤다. 권사님 한 분이 다음과 같이 소감을 밝혔다. "목사님보다 사모님께 배우니까 더 좋네요."

이때 담임목회자는 모임에 함께 참여하고, 참여한 최고 리더 부부와 교대로 식사를 내기도 하면서 교제를 나누므로 친목을 더하게 된다.

담임목회자의 목회리더십을 지혜롭게 발휘하는 전략

장로와 권사급 리더를 포함하여 온 성도들에게 담임목회자의 목회리더십이 지혜롭게 잘 발휘될 수 있도록 하는 전략이 무엇일까?

"회개하시고……. 일대일 지도자반을 하신 분들은 쉬면 큰일납니다." 이것은 앞서 인용한 하용조 목사의 말이다.

그때 회중석에는 쉬고 있던 일대일 나눔 교사들뿐만 아니라, 아직 자신이 부족하다고 생각해서 교사반을 마치지 않은 성도들도 있었을 것이다. 나는 그 말씀을 강대상에서 담임목회자에게 듣는 순간 모두 마음이 찔렸을 것이라고 본다. 성도들에게 가르치는 장을 마련해 주고 권면하는 방법은 다른 어떤 방법보다도 담임목회자의 목회리더십을 지혜롭게 발휘할 수 있도록 하는 전략이다.

어쩌면 담임목회자는 일대일 나눔 교사에 대해서 '영원한 사감선생님(?)'이 되는 것이다. 이것이 '일대일 사역 프로그램'에서 '모든 성도'를 대상으로 교사를 세워야 하는 마지막 이유이다.

개척목회전략 1

개척 멤버의 마음을 어떻게 잡을 것인가?

『목회자의 신앙인격과 목회역량을 보고 신뢰하고 존경하게 된다.』

교회를 개척하기 전에 가정에서부터 준비모임을 가지는 목회자들이 있다. 개척준비모임에서 만나는 성도가 중요한 이유는, 그때 만나는 성도들이 대개 장래 최고 리더가 되기 때문이다. 사실 그런 성도들이 한두 명씩 늘어나야 순적하게 창립예배도 드리게 된다.

개척목회에서 성도가 떠나는 이유 1 : 목회자의 신앙인격을 보고 판단한다

개척교회뿐만 아니라 개척을 준비하는 모임에서도 마찬가지이다. 대부분 목회자뿐만 아니라 목회를 꿈꾸는 신학생들도 처음 모이는 성도들을 잘 양육하여야 한다고 생각할 것이다. 그래서 성경지식을 쌓아 주는 성경공부 모임을 시작하고 있다. 그런데 웬만큼 배웠다고 생각되면 다 떠나는 것이 목회현실이다. '개척에 대한 부담 때문일 것이다.'라고 목회자가 스스로를 위안할 수 있다.

성도들은 목회자의 신앙인격을 보고 따르는 것이다. 이제는 성경지식을 가르치는 데 국한되어서는 안 된다. 목회자와 성도간에 서로의 생각을 나누는 것이 더 바람직하다. 성경지식을 가지고 일방적인 학습자로 배울 때는 목회자의 신앙인격이 잘 드러나지 않는다. 성도와 함께 각자 자신의 내면의 생각을 나눌 때 목회자의 신앙인격이 자연스럽게 드러난다. 개척목회 성공은 개척 멤버의 마음을 잡는 것에서도 좌우된다. '일대일 사역 프로그램'을 통해 서로의 삶을 나누면서 양육하는 방법이 바람직하다.

아울러 마음을 열고 서로의 생각을 나눌 수 있는 좋은 성경공부교재를 채택하는 것도 생각해 보아야 한다. 그러한 교재는 당연히 모임을 재미있게 만들어 참가자들이 자발적으로 모이도록 만든다.

목회자가 왜 인격적인 존중을 받아야 하나?

목회자의 인격적인 존중이 필요한 이유에 대해 하용조 목사는 다음과 같이 언급했다.

"우리 목회자가 늘 생각해야 되는 것은 자기 인격적인 내면의 세계입니다. 여러분! 목사님이 아무리 설교를 잘해도 인격적인 존중을 못 받으면 그 설교는 하루아침에 무너집니다. '허, 우리 목사님은 약간 사기성이 있어.' 라든지 '목사님 말씀을 믿기가 좀 어려워……' 이런 인격적인 신뢰를 못 받으면 하나님의 말씀도 신뢰하지 못합니다." ('2003 두란노 목회자 컨퍼런스' 중 특강 '그리스도와 그의 복음을 위하여', 자료 : http://www.onnuritv.com/seminar/program.asp?pid=1345)

신앙을 어떻게 이해해야 하나?

신앙을 교리가 아닌 삶의 문제로 이해하는 데 본보기로 사도행전 7장에 언급된 스데반이 있다. 그가 돌에 맞아 죽으면서도 "주여 이 죄를 저들에게 돌리지 마옵소서" 하며 성령 충만한 모습으로 순교를 당하는 부분에 대한 하용조 목사의 말을 들어 보자.

"스데반은……이처럼 놀라운 믿음과 또 믿음이 인격화된 사람이었습니다.……믿음을 가질 수 있지만 그 믿음이 인격화되기란 쉽지가 않습니다. 특별히 좋은 설교를 듣는다고 해서 좋은 신앙인이 된다고 착각하지는 마십시오. 자기를 속이기가 참 쉽습니다.

서울에서 제일 좋은 교회, 제일 좋은 목사님의 설교를 들으면 여러분의 믿음도 제일 좋아질 것 같지만 그건 별개의 문제입니다. 자기 귀만 즐겁게 하고, 자기의 신앙적 자존심만 높일 수가 있습니다. 하나의 영적 사치를 가질 수가 있습니다. 신앙은 인격화해야 합니다. 그것은 구체적인 생활이어야 합니다.

여러분들 부모들의 경우에 있어서 자녀들이 못되게 구는 이유는 한마디로 말하면 그 자녀의 눈에는 부모가 존경스럽지 않기 때문에, 만약에 존경스럽다면 절대로 타락하지 않습니다. 다른 사람은 다 존경한다 할지라도 자녀의 눈에는 부모가 존경스럽게 안 보인 겁니다. 위선자로 보였고 폭력하는 사람으로 보이고 그리고 지배자로 보였기 때문에……. 존경할 수 없는데 순종할 수 없습니다. 존경할 수 없다면 순종할 수 없습니다. 그런데 반대로 정말 내가 존경하면 정말 순종합니다. 아내가 그처럼 바락바락 소리를 지른다는 것은 분명히 남편이 존경을 못 받았기 때문입니다. 또 남편이 아내에게 함부로 대했다고 하는 것은 그 아내가 남편에게 존경스런 사람이 되지 못했을 때입니다. 신앙은 반드시 인격화되어야 하며 삶의 문제로 우리가 이해해야 합니다. 제일 불행한 것은 신앙을 교리로 이해하는 것입니다. 스데반 집사님의 경우는 그가 믿음이 있었을 뿐만 아니라 구체적인 인격적 삶이 있었다고 하는 것을 우리는 그 짧은 생애를 통해서 깨달을 수 있습니다."(1985년 '두란노 인물별 성경연구' 프로그램, 스데반)

어떤 그리스도인이 되기를 원하는가?

신앙인격을 갖춘 그리스도인이 되어야 하는 중요성에 대해 하용조 목사는 다음과 같이 말했다.

"우리는 짐작할 수 있습니다. 바나바가 그의 말년을 어떻게 보냈을까를. 그는 계속해서 사람들을 도왔을 것입니다. 약자들을 도왔을 것입니다. 신실하게 그리스도인 사역자로 그는 그의 최후의 생애를 맞이했을 것입니다. 나는 여러분에게 마지막으로 이런 말씀을 드리고 싶습니다.

내가 어떤 그리스도인이 되기를 원하는가? 그 자기 환상이 있어야 돼요. 능력의 종이 되고 싶습니까? 그것도 중요하지요. 그러나 우리는 이 능력의 종이 되기 전에 신앙인격을 먼저 소유해야 합니다. 기본적인 신앙인격, 그 위에 능력이 있으면 됩니다. 그러나 신앙인격을 갖추지 않고 은사를 많이 받은 사람은 주의 일도 많이 하지만 피해도 많이 줍니다. 성격 못된 사람 능력 받으면 전도도 많이 하지만 상처도 많이 줍니다. 돌아다니면서 하나님께 영광도 많이 돌리지만 하나님의 영광을 감추는 일을 더 많이 합니다.

그러므로 우리가 그리스도인의 기본 인격을 바나바처럼 갖추는 일을 더 깊이 생각해야 할 것입니다."(1986년 '두란노 인물별 성경연구' 프로그램, 바나바)

사람의 인격은 어디에 기초해서 성장해야 하나?

예수, 성경에 기초하여 바르게 성숙하는 신앙인격에 대해 하용조 목사는 이렇게 말했다.

"주의 신실하고 신령한 종이 기도해 주면 하나님이 잘 들어주신다는 이런 미신 같은 생각이 참 많아요. 제발 좀 깨버리시기를 바랍니다. ……물론 목사님이 기도해 주시면 좋긴 하겠지마는, 저도 목사의 한 사람으로 가만히 보면요 미신적인 부탁이 참 많아요. 그걸 얼마든지 이용해서 그분들을 종교적으로 만족시켜 줄 수도 있어요. 그러면 이상하게 또 만족이 돼요. 우리는 그러나 서로 속아서는 안 됩니다. 여기에 속아서는 안 됩니다. 이것은 순간적으로 교회가 부흥하는 것 같고 순간적으로는 그 사람이 신령한 것처럼 보일지 몰라도 하나님은 기만당하시는 분이 아닙니다. 그 결과는 반드시 망합니다.

그러므로 복음의 사람을 만들어야 되며, 복음의 훈련을 해야 되며, 자유로운 그리스도인을, 누구에게도 억압당하지 않는 그리스도인을 만들어야 돼요. 그래야 마귀에게 억압당하지 않습니다. 우리는 한 교회의 교인이 아닙니다. 우주적 교인입니다. 오늘날 우리 교인들이 너무나 잘못 훈련받으면 이 교파에서 훈련받다 저쪽 교파로 가면 지옥 가는 줄 알아요. (회중 웃음) 아, 그래요. 이게 심각합니다. 그러니까 갈등이 많아요. 거기서 헤어나려면 아주 시간이 걸려요. 예수를 가르쳐 주십시오. 성경을 가르쳐 주십시오. 그리스도인의 삶을 가르쳐 주십시오. 사람을 교파의 인간으로 만들면 안 됩니다. 저도 물론 교파에 속해 있는 사람입니다마는 제도의 인간을 만들어도 안 되며 교파의 인간을 만들어도 안 되며 자기와 다른 사람을 정죄하는 식의 그것을 만들어도 안 되지 않습니까? 언제나 포인트는 그리스도입니다.

예수, 성경 여기에 기초해서 사람의 인격이 성장을 해야만이 바로 성숙할 수가 있습니다."(1985년 '두란노 인물별 성경연구' 프로그램, 멜기세덱)

말씀묵상(큐티)으로 신앙인격 키우기

매일 하나님의 선한 인도하심을 받아서 신앙인격을 키우는 말씀묵상(큐티)에 대해 하용조 목사는 이렇게 말했다.

"아브라함의 경우도 마찬가지이며, 이삭의 경우도 마찬가지겠지마는 야곱의 경우를 보면 정말 하나님께서 필요한 때마다 나타나셔서 어떻게 하십니까? 말씀해 주시고, 위로해 주시고, 격려해 주십니다.

지금도 성령님께서는 우리에게 말씀해 주십니다. 무엇을 통해서? 말씀을 통해서, 기도를 통해서 우리에게 권면해 주십니다. 그러므로 하나님의 음성을 듣지 못한 사람들은 얼마나 삭막하게 예수 믿겠습니까. 그렇지요? 확신이 없어요. 이게 하나님이 주신 말씀인지, 아닌지를 전혀 감을 잡지를 못하니까. 그러니까 뭐하시라고? 경건의 시간, 큐티(말씀묵상)하시라고. 그래야 아침에 일어나서 하나님께서 해주시는 말씀을 알아듣지요. 저는 다른 소리는 잘 못 들어도요, 전화를 탁 들으면 내 아내의 목소리는 금방 압니다. 왜 그런 줄 아세요? 내 아내니까. 금방 알아요, 나는.

하나님의 사람은요, 누구 음성을 금방 아는 줄 아세요? 하나님의 음성을 금방 알아요. 그런데 그걸 모르는 사람들은 성경을 암만 보도 나에게 주시는 말씀이 없어요. 그러나 하나님의 사람은 성경을 한 장만 읽어도 나에게 주시는 말씀이 뭔가를 구분을 해냅니다. 그거 예리하게 탁 집어집니다. 그게 하나님의 말씀이라고 아는 거죠. 그걸 모르면 자꾸 헷갈려가지고 딴 짓을 합니다.

오늘 여러분 아침에 하나님이 하루를 살 수 있도록 여러분에게 주신 말씀이 있었습니까? 있었어요? 아니면 그냥 여기까지 그냥 왔습니까? 매일 아침에 일어나서 꼭 보세요. 하나님이 나에게 주시는 말씀이 있나 없나를……. 그것을 체크하세요. 체크하시고 그것을 씹으세요. 하루 종일 되새김질하면서 살면 그날 하루에 놀라운 은혜가 넘치게 됩니다. 그것을 발견해 내자는 얘기입니다. 그것을 뽑아 내자는 얘기입니다. 그것을 찾아 내자는 얘기입니다. 어떤 때는 용서가 될 수가 있습니다. 어떤 때는 전도하라고 하는 강력한 권면이 될 수가 있습니다. 어떤 때는 게으르지 말라고 하는 말씀이 될 수도 있습니다. 어떤 때는 고난을 감당하라는 말씀도 있습니다. 핍박 속에서 네가 견뎌

내라고 하는 말씀이 될 수가 있습니다. 어떤 때는 구제하라고 하는 명령이 올 때가 있습니다. 어떤 때는 말씀을 선포하라고 하는 명령이 올 때가 있습니다. 다 달라요. 그때마다 하나씩, 하나씩 그것을 자기의 것으로 삼으면 분명히 우리의 삶 전체가 하나님의 선한 인도하심을 받게 됩니다."(1985년 '두란노 인물별 성경연구' 프로그램, 요셉 2)

말씀묵상(큐티)의 위험성 1 – '일대일 나눔 성경공부'로 신앙인격 키우기
'일대일 나눔 성경공부'가 목회적으로 반드시 있어야 될 이유가 있다. '꿔다 놓은 보릿자루' 처지인 남자성도들을 교회에 오도록 하기 위해 꼭 필요한 '말씀묵상(큐티)'이 가지는 두 가지 위험성이 있기 때문이다.

첫째, 말씀묵상은 성도들의 '입'을 여는 프로그램이라고 하였다. 성도들의 '입'이 잘못 열리면 다른 성도들을 괴롭게 할 수 있다. '입'이 열린 성도에게는 '입'을 확실히 여는 '사역의 장'을 마련해 주어야 한다.

일대일 나눔 성경공부 교사로서 '아비'의 심정을 가지고 가르치기 위해 충분히 '입'을 열도록 하는 것이 바람직하다.

가르치는 사역을 체험하는 일대일 나눔 교사의 성숙과정에 대해 하용조 목사는 다음과 같이 말했다.

"사람들이 제일 싫어하는 게 일대일이에요. 눈과 눈이 마주치니까! 도망을 못 가요. 집단으로 있으면 졸 수도 있고 빠져도 별 표가 안 나는데 일대일은 빠지면 없는 거예요, 그냥. 배울 때는 졸아요. 가르칠 때는 못 졸아요. 우리는 가르치기까지만 만들면 돼요. 그러면 알아서 살아요. 급하니까. 급한 사람은 본인이니까. 자기가 부족한 건 가서 배워야 한다고 생각할 수밖에 없습니다. 가르쳐야 하니까요. 제시간에 사람이 오나요? 그때서야 목사의 마음을

이해해요. (회중 웃음) 여러분이 교회에 늦게 올 때 목사가 어떤 마음을 갖는지, 자리가 안 찰 때 목사가 어떤 마음을 갖는지.……양육을 해보아야 안다고요.……이게 목자의 심정이에요, 목자의 심정.

내가 그렇게 가르쳤는데 딴 짓 해, 딴 데 가. 이단에 가.……이때 이 양육자는 어머니의 심정을 가지고 울게 된다고요. 이때 사람이 정말 하나님의 사람으로 성숙해지는 거예요. 이걸 해줘야 돼요."(1997년 온누리사역축제(OMC)' 주제강의 5강 '양육체계')

온누리교회의 일대일 나눔 교사들간에 "내가 양육받을 때 일대일 나눔 교사를 애먹인 것만큼 다른 성도를 양육할 때 그대로 되받는다."는 이야기가 있다.

하용조 목사도 일대일로 가르치는 사역을 하게 되면 "당신의 신앙이 변할 것입니다. 당신의 가정도 인간관계도 다 변하게 될 것입니다. 그리고 당신의 성격과 인격이 다듬어져 갈 것입니다."라고 말했다(일대일 사역에 대한 홍보 비디오에서).

이 원리는 '일대일 나눔 성경공부'를 강의식이 아닌 나눔식으로 진행하는 담임목회자에게도 적용되어 목회자의 신앙인격훈련을 자연스럽게 할 수 있다.

말씀묵상(큐티)의 위험성 2 – 설교를 어떻게 할 것인가?

말씀묵상(큐티)이 가지는 두 번째 위험성은 말씀 보는 눈을 열어 주는 프로그램이기 때문에 존재한다. 자칫 눈이 잘못 열리게 되면 목사의 설교를 비판하게 되는 아쉬움을 가지게 될 수 있다.

강해설교를 접한 평신도의 반응에 대한 하용조 목사의 말을 들어보자.

"데니스 레인 목사님이 쓰신 아브라함과 그의 하나님이라는 책을 꼭 추천하고 싶습니다. ……특별히 저는 여러분들 가운데서 강해설교에 관심이 있거나, 설교에 관심 있는 분들은……정독해 주시기를 다시 부탁을 드립니다. 어떤 평신도에게 그것을 제가 소개해 주었더니, 그걸 읽고 난 다음에 그분에게 고민이 생겼어요. 그 이유는 다른 설교를 못 듣게 되었다는 것입니다. 그걸 열심히 듣고 나더니, 우리나라 목사님의 설교의 거의 80% 이상이 제목설교거든요. 그 다음부터 제목설교를 못 들으세요. 평신도 한 분이. 그래서 아주 소개해 주어 놓고 고민을 또 제가 두 번째 하게 되었습니다. 그렇지만 절대 교회를 옮기지 말고 그냥 거기서 신앙생활 잘하라고 제가 그랬는데……. 진짜 설교를 알고 나면 다른 설교를 못 듣습니다. 그러나 우리는 그래도 그렇게 해야 합니다. 성경에 기초한 말씀을 듣는 훈련을 계속하는 것이 좋겠습니다."(1985년 '두란노 인물별 성경연구' 프로그램, 멜기세덱)

이번에는 제목설교에 대한 하용조 목사 자신의 경험에 대한 이야기이다.

"제가……우리 교회에서 설교를 하면서 참 놀라운 메시지를 제 자신이 발견했는데, 히브리서 11장에 보면 믿음 얘기가 나옵니다. 그렇지요? 그런데 우리가 요즘 교회에 벽돌을 쌓지만 이 성경은 그렇게 단편적으로 이해할 수가 전혀 없는 책입니다. 성경은 보니까 이렇게 벽돌 쌓듯이 이해해야 돼요. 하나하나 이렇게 쌓아져 가면서 메시지가 형성되는 거지, 그 부분을 떼서는 이해가 안 됩니다. 제목설교는 이건 메시지가 아닙니다. 저도 과거에 계속 제목설교를 해왔는데 그냥 아찔해요, 이 본문을 공부하다 보니까. 내가 어쩌자고 제목설교를 그렇게 오래 해왔나. 그냥 아찔한 생각이 나요. 지금 예를 들면 히브리서 11장 1절 있지요. '믿음은 바라는 것들의 실상이요 보지 못하는 것들의 증거니라.' 그것만 떼서 설교하면 큰일납니다. 앞뒤를 안 보면, 12장 1절, 제가 다음주 설교할 건데 그것만 떼서……그것만 따로 설교하면 그 메시지는 다 죽습니다. 그러니까 전부 처음부터 기초를 쌓아 올라가야 거기에 그 의미가 밝혀집니다. 그래서 강해설교가 그런 것임을 저는 새삼스럽게 깨달은 거예요."(1986년 '두란노 인물별 성경연구' 프로그램, 예수의 동생 야고보)

말씀묵상(큐티)과 강해설교와의 만남

하용조 목사는 자신의 설교를 돌아보면서 다음과 같이 말했다.

"지난 17년 동안 온누리교회에서 제가 설교를 하면서……하나님께서 저에게, 우리 온누리교회에 설교 스타일을 하나 개발해 주셨습니다. 그것을 저는 '큐티식 설교'라고 말을 합니다. ……저희 교회의 목회철학이 큐티입니다. … 큐티로 새벽기도를 하고, 큐티로 매일 매일 모든 사람의 삶 속에 큐티 삶을 살게 하는 것이 가장 옳은 방법이라고 저는 믿었기 때문에……지금도 저는 그렇게 믿습니다.

제가 강해설교를 이 교회에서 17년 동안 할 수 있었던 가장 큰 배경은 저희 교인들이 큐티하는 교인이기 때문에 큐티하는 것과 저 설교가 들어맞아서 서로 엔조이를 하는 것입니다.

큐티는 세 시간을 해도 지치지 않는데, 왜 설교는 30분만 들으면 지칠까? 저는 여기서 큐티와 강해설교가 만난다는 것을 알게 되었습니다. ……전 교인이 큐티를 하므로 하나님의 말씀을 듣는 귀를 만들어 준 것이죠. ……따라서 제 설교가 큐티식 설교로 변한 것입니다.

큐티식 설교란 무엇일까요? 강해설교와 맥을 같이합니다. 우선은 성경 본문을 가지고 시작하는 것이지요. ……큐티는 거의 비교적 한 절 한 절씩 갑니다. 그 본문(하나님의 말씀)을 읽고 해석하고 그리고 묵상하고 적용하고 나누는 것이 큐티예요. 저는 이것을 설교로 가져 왔습니다.

그래서 본문(하나님의 말씀)을 보고 읽고 묵상하고 해석하는 것, 이것을 충분히 한 다음 거기에 묵상을 많이 하면 무슨 일이 생기는가, 영적 통찰력이 아주 예리해지게 됩니다. 어떤 본문을 보아도 그 안에 숨겨져 있는 메시지를 발견할 수 있습니다.

제가 요즘 설교하면서 <u>스스로</u> 경험하는 것은, 제가 옛날에 설교해 놓고도 새로 설교하기 위해서 본문을 보면 옛날에는 전혀 생각지 못했던 메시지들이 튀어나온다는 겁니다. 그걸 발견할 때는요, '아휴! 밤이 왜 이리 빨리 안 가나, 내일 아침 빨리 교회에 가서 이걸 얘기해야 하는데…….' 하는 흥분이 있어요. 거의 모든 설교에서……교인들은 흥분을 안 하겠지만 저는 흥분합니다. 너무 좋아서……."('2003 두란노 목회자 컨퍼런스'의 특강 '그리스도와 그의 복음을 위하여', 자료 : http://www.onnuritv.com/seminar/program.asp?pid=1345)

말씀을 보는 눈이 열린 성도들에게는 말씀묵상(큐티)식 강해설교가 목회자와 호흡을 같이할 수 있는 바람직한 설교 형식이다.

개척목회에서 성도가 떠나는 이유 2 : 목회자의 목회역량을 보고 판단한다

목회자의 목회역량에 대해 하용조 목사는 "교회의 존재 목적은 섬기는 데 있다."고 하면서 다음을 덧붙였다.

"교회가 왜 문제가 되는지 아세요? 오래 교회 다닌 사람이 왜 문제가 되는지 아세요? 거기가 자기 그라운드니까 그래요. '이거 누가 감히 내 영역을 침범하느냐?' 이거예요. 그래서 그 장로님 이상의 수준을 가진 사람은 교회

에 못 오게 되어 있어요. 오면 발로 차버리거든. 왜? 자기 영역이 무너지니까. 자기 수준 정도로만 만들어 버리는 거예요.

여러분 목사님들, 여러분 이상 목회는 안 돼요. 그거 아세요? 여러분의 수준 이상 안 돼요. 만약에 부목사님이 여러분보다 설교 잘한다면 그분에게 담임목사 자리를 주어야 돼요. ……그러니 여러분의 목회 역량을 크게 만들어야 돼요. 다 자기 그릇이에요."(1997년 '온누리사역축제(OMC)' 주제강의 4강 '새신자 목회')

목회자의 목회역량은 '목회 그림'에서 나온다. 그것은 '준비된 목회관'이라고 말할 수 있다. 하용조 목사는 "제가 온누리교회를 왜 여기까지 끌고 왔나? 그런 것 다 제 머릿속에 있기 때문에, 그 비전이 있기 때문에, 그 그림이 있기 때문에 (가능했습니다)."라고 말한 적이 있다(1997년 '온누리사역축제(OMC)' 주제강의 10강 '비전과 영적지도력').

'남자성도가 나오는 교회 만들기'는 목회자뿐만 아니라 건강한 교회를 꿈꾸는 모든 그리스도인들에게 자율훈련교회 그림을 제공하고 있다.

현재 우리나라의 교회는 그리스도인 숫자가 마이너스 성장을 보이고 있는 안타까운 현실에 처해 있다. 이제 개척교회나 기성교회의 목회자와 평신도가 모두 함께 '꿔다 놓은 보릿자루' 신세인 남자들을 교회에 나오도록 하는 '교회 그림'을 가짐으로 '실천 역량'을 키워서, 다시 한번 힘차게 하나님 나라 확장을 위하여 나아가기를 소망한다.

7단계

확인 가능한 사역팀부터 조직하라!
― 사역팀 조직 첫걸음[예배사역팀] : 욕심을 내지 마세요

'남자성도들이 나오는 자율훈련교회 만들기'를 성공시키기 위하여 궁극적으로 남자성도들을 리더로 세우는 사역팀을 조직해야 한다. 대부분의 목회자들은 한국인의 특성인 '빨리 빨리'에 따라 교회 모든 사역팀을 한꺼번에 조직하려고 서두르는 경향이 있다. 성도 양육뿐만 아니라 교회갱신도 멀리 보고 단계별로 천천히 추진해야 한다. 우선 온 성도들이 동시에 확인할 수 있는 부분부터 갱신해야 한다.

예배 큐시트 작성하기

가장 바람직한 방법은 개척교회일지라도 온 성도가 함께 드리는 예배를 갱신하는 것이다. 예배 갱신에서 손쉬운 방법이 있다. 예배흐름을 진단하고 개선하는 것이다. 예배에서 분야별로 개선할 사항을 발견해 순서 순서가 물 흐르듯이 이어지도록 해야 한다. 예배 큐시트(Cue-Sheet)를 작성하여 성도들과 함께 개선 사항을 점검하며 실천해 나가는 것이다. 사회자, 성가대, 반주자, 기도자, 설교자 등 기존에 예배를 섬겼던 사역자들이 진행훈련을 하여야

한다.

장년 찬양팀 조직하기

담임목회자들이 가장 어려워하는 것이 사역팀을 조직하는 것이다. 사역팀이 조직되어 있지 않은 교회들을 진단해 보면 공통점이 있다. 나는 교회갱신의 첫걸음은 장년 찬양팀을 조직하는 것이라고 본다. 많은 교회가 성가대는 있어도 장년 찬양팀이 없는 안타까운 현실이다. 오후 찬양예배에 청년 찬양팀이 있어도 주일 오전예배 시작 전 찬양시간에 마땅하게 세울 장년 찬양팀이 조직조차 되어 있지 않다.

장년 찬양팀은 이미 성가대가 조직되어 있다면 담임목회자가 임명하는 것보다 성가대 지휘자가 성가대원 중에서 선발하는 것이 제일 바람직하다. 매주 선곡된 찬양곡에 맞는 성가대원을 세우도록 한다. 예배 전 찬양을 섬기고, 예배 도중에는 성가대석에 앉아 마이크를 들고 담임목회자의 찬양을 보조하도록 해야 한다. 남, 여 각각 2명씩 4명이 적당하다. 성가대가 조직되어 있지 않다면 담임목회자가 임명할 때 반드시 1년 임기임을 알려주어야 한다. 그래야 독점의식이 없어져서 차세대 리더가 순적하게 세워질 수 있게 된다.

예배사역팀 조직하기

개척교회 목회자들은 이제까지 소개한 것을 보고 우리 교회와는 상관없는 이야기라고 할 수도 있을 것이다. "성도가 있어야 사역팀을 만들지."라고 하면서 개척교회 형편을 모르고 하는 이야기라고 항변할 것이다. 하지만 교회 개척시기부터 장차 교회성장에 대비하여 많은 사역팀을 조직할 수 있도록 실천 노하우를 쌓아야 한다.

가정에서 예배를 드리는 개척교회라면 몰라도 별도 건물의 성전에서 예배를 드린다면 마이크는 설치되어 있을 것이다. 나는 여러 교회를 컨설팅하기 위해 방문하면서 음향 콘솔을 누가 조정하는지를 주의 깊게 살펴본다. 별도의 방송실이 마련되어 있지 않고 성전 안에 음향 콘솔박스가 설치되어 있다면 대부분 담임목회자가 조정하고 있다. 평신도사역자를 지정하여 조정담당자로 세웠다 하더라도 강단 위로 올라가기 전에 한 번은 다시 조정하고 올라간다. 그렇게 되면 평신도사역자는 자신이 조정한 것을 담임목회자가 못 믿는다고 생각하게 된다. 마이크 기능은 기온과 습도 등 여러 외부 요인에 의해 민감하게 반응하기 때문에 평신도사역자가 이미 조정한 것이 마음에 안 들 수도 있다. 평신도사역자를 세웠으면 서로 상의하면서 담당자가 조정하도록 해야 한다. 평신도사역자는 담임목회자가 믿고 맡길 때 책임감을 가지고 충성을 다해 섬기게 된다. 개척시기부터 음향 콘솔조정 평신도사역자를 세우는 고민을 하는 것이 사역팀체제 목회의 시작이다.

여기에서 담임목회자는 항상 유의할 사항이 있다. 교회에서 누군가를 세운다면 다음에 차세대 사역자를 순조롭게 세우는 방법을 염두에 두어야 한다. 개척교회여서 한 명의 성도를 세울지라도 앞으로 사역팀으로 운영될 것임을 미리 인지시켜야 한다. 그래야 세워진 성도가 사역을 독점하는 우를 범하지 않게 되는 것이다. 음향담당자를 관리사역팀으로 조직하는 것도 바람직하다.

현재 많은 교회에서 이미 특정 봉사자가 지정되어 있는 안내사역과 봉헌사역도 사역팀으로 조직하여 섬기도록 한다. 대부분 교회가 1달이나 1년간 봉사자를 임명하고 있기 때문에 바로 실천하기가 어려울 수 있다. 현재 예배 봉사자를 파악하는 것이 매우 중요하다. 자칫 현재 본당 출입문 앞에서 안내를 담당하고 있는 권사급 리더가 있는데 예배사역팀의 안내부원에서 제외

된다면 곤란하다. 새로 새워진 예배사역팀 안내위원 앞에 기존에 섬기던 권사급 리더가 한복을 곱게 차려입고 서서 이중으로 섬길 수도 있다.

사역팀 체제로 전환하기 위해서 반드시 현재 섬기는 사역자들에게 사역 내용을 글로 정리하도록 해야 한다. 새로 참여하는 사역자들에게 사역 직무를 쉽게 파악할 수 있도록 하는 데 '말' 보다는 '글' 이 더 효과적이다. 사역을 '글' 로 정리한 '사역지침서' 가 사역팀마다 비치되어야 한다. '사역지침서' 를 통하여 사역팀원을 배치하고 운영할 때 교회사역 노하우는 잘 전수되고 더 발전하게 된다.

8단계

변화를 피부로 느끼게 해주는 프로그램을 제시하라!
– 말씀묵상축제 시행 : 우리 교회가 확실히 변하는구나!

자율훈련교회 만들기를 성공하기 위해 성도들 입에서 "우리 교회가 확실히 변하는구나!" 하는 말이 나와야 한다. 성도들의 마음만이 아니라 피부에 와 닿는 전략이 제시되어야 한다. 교회 모든 성도가 함께 참여하는 프로그램을 마련해야 한다. 프로그램을 시행하면서 담임목회자는 성도들이 향후 평신도사역팀 운영 방향성도 체험하도록 해야 한다.

첫째, '움직이는 교회' 임을 알도록 프로그램 시행도 이제까지 해왔던 주먹구구식에서 벗어나 조직을 구성하여 진행되는 것을 보여 주어야 한다.

둘째, '준비된 사역' 임을 알도록 프로그램 진행도 큐시트에 따라 섬기는 성도들이 움직이도록 하여야 한다.

셋째, '전 성도가 참여하는 교회' 임을 알도록 프로그램 진행에 교구(구역) 리더들이 협력하도록 하여 소외된 성도가 없도록 하여야 한다.

넷째, '은사가 활용되는 교회' 임을 알 수 있도록 장년 찬양팀을 운영하고, 자연스럽게 예배 지원 사역과 연계되도록 하여야 한다.

아울러 '남자성도들이 나오는 자율훈련교회 만들기'를 성공하기 위하여

교회 공동체에 말씀으로 삶을 나누는 문화가 정착되어야 한다. 많은 교회 목회자들이 말씀묵상(큐티)을 도입하기 위하여 여러 노력을 기울이고 있다. 대부분 외부 강사를 초청하여 1회성 프로그램으로 세미나를 시행하고 있다. 1회성 프로그램은 바람만 일으키고 사라져서 아쉬움이 남는 일이 다반사이다.

평신도사역팀 운영 방향을 체험하고 말씀묵상도 도입하는 두 마리 토끼를 한꺼번에 잡을 수 있는 프로그램으로 교회시스템 전략연구소에서 지원하는 '말씀묵상축제'가 있다.

남자성도와 여자성도 말씀묵상 나눔조장을 '말씀묵상축제를 위한 준비모임'을 통하여 발굴해서 남·여 성도 동역의 본보기 장을 마련하고 평신도 전문 사역의 장을 열게 된다. 이제까지 말씀으로 구역장만 만나던 성도들이 '말씀묵상축제'에서 나눔조장을 만나는 것은 구역벽 허물기의 시작이 된다. 궁극적으로 단짝에서 사고 나는 것을 방지하는 목회적 유익을 가지게 된다.

9단계

[개척목회전략 2] 남자 구역장 양육 방법을 바꾸라!

― 본보기 남자 구역장 양육하기[말씀묵상나눔모임] : 모닥불을 피우세요

말씀묵상 정착을 위한 모닥불 : 말씀묵상나눔모임

현재 말씀묵상(큐티)이 도입된 교회를 진단해 보면, "그것은 우리 교회에서도 한다."는 말을 하지만 사실은 '일대일 나눔 성경공부' 처럼 일부 성도들만 하는 교회가 대부분이다. 교회마다 온 성도들에게 말씀묵상이 잘 정착되도록 하려면 꺼지지 않는 '말씀묵상 모닥불' 을 지펴야 한다.

많은 목회자들은 우선 구역장을 잘 가르쳐서 구역원들이 말씀묵상을 잘 배우도록 하면 된다고 생각한다. 구역장 교육이 '말씀묵상 모닥불'이라고 생각해서는 안 된다. 이제 생각을 바꾸어야 한다. 말씀묵상을 탁월하게 잘하는 성도들은 학력과 나이와 상관없이 배출된다. 구역장이라 해도 말씀묵상은 잘하지 못하는 리더들이 얼마든지 있다.

말씀묵상을 처음 접하는 성도들의 말씀묵상에 대한 수용태도를 분석해 보면 다음과 같다.

첫째, '말씀묵상 은사자 그룹'이 있다. 자신의 내면을 잘 드러내기도 하고 말씀묵상노트도 탁월하게 쓰는 성도들이다.

둘째, '드러내는 그룹'이 있다. 말씀묵상노트는 잘 쓰지 못하지만 입으로 자신의 내면을 잘 드러내는 성도들이다.

셋째, '듣는 그룹'이 있다. 아직 자신의 내면을 드러내는 것에 익숙하지 못해서 다른 성도들이 나누는 것을 더 들어야 하는 성도들이다.

넷째, '저항그룹'이 있다. 다른 성도들이 자신의 내면을 드러내는 것을 듣는 것조차도 거부하는 성도들이다.

이러한 성향은 전체 성도뿐만 아니라 구역장 그룹에서도 마찬가지이다. 이제까지 성경지식을 가르치는 구역모임을 잘 인도하였던 구역장일지라도 말씀묵상에는 전혀 다른 반응을 나타낸다는 것을 대부분 목회자들이 모르고 있다. 어느 구역장이 '듣는 그룹'이나 '저항그룹'에 해당된다면 그들이 인도하는 구역모임은 이미 실패한 것이다.

구역에서 자신에 비해 월등하게 말씀묵상을 잘하는 구역원을 볼 때 대견한 생각보다는 시기심이 더 나게 된다. 자칫 말씀묵상을 도입한 담임목회자에 대한 반감을 마음에 품을 수 있다. 그 반감은 담임목회자가 시도하는 다른 목회사역에서 전혀 예상치 못하게 터져 나올 수도 있다.

목회자들이 유의할 사항은 '듣는 그룹'이나 '저항그룹'에 해당되는 기존의 여자 구역장에 대한 대책을 마련하는 것이다. 담임목회자가 그들을 잘 가르쳐서 할 수 있도록 만든다는 생각을 버려야 한다. 스스로 말씀묵상을 훈련하도록 인도해야 한다. '남자성도들이 나오는 자율훈련교회 만들기'는 기존의 여자구역을 점진적으로 없애면서 부부구역으로 전환하는 것이다. 말씀묵상을 잘하지 못하는 여자 구역장들이 새로 조직될 부부구역에서 자신의 남편이 구역장으로 세워지는 데 비전을 가지도록 해야 한다. 그들은 자신의 남편이 구역모임을 잘 인도하도록 돕기 위해서 스스로 열심을 내어 말씀묵상을 배우게 된다.

말씀묵상을 처음 도입할 때 말씀묵상 사역자는 기존의 남·여 구역장을 포함하여 전 성도 중에서 다시 발굴해야 한다. 전 교인 대상으로 매 주일 말씀묵상모임을 운영하여 '말씀묵상 모닥불'을 피우는 것이다. 이들을 말씀묵상사역팀원으로 조직하여 말씀묵상나눔조장으로 섬기도록 한다. 남자조장은 본보기 부부구역의 남자구역장으로 세우면 되고, 여자조장은 향후 말씀묵상나눔방을 조직하여 방장으로 섬기도록 한다.

개척목회전략 2

모든 성도가 참여하는 효과적인 주일오후예배 프로그램 : 말씀묵상훈련

성도가 몇몇 안 되는 개척교회에서도 담임목회자가 개척 멤버의 마음을 당연히 잡아야 한다. 그러나 성도가 담임목회자를 인간적으로 만나게 되면, 결국 실망하고 떠나게 될 수 있다. 담임목회자가 모든 성도를 대상으로 말씀을 가지고 만나는 프로그램을 마련해야 한다. 모든 성도가 참여하는 말씀묵상훈련을 주일오후예배시간에 하는 것이 바람직한 방법이다.

어느 교회에서나 오후예배에 많은 성도들이 참여하도록 하려면 예배 프로그램을 다양화할 필요가 있다. 담임목회자와 함께 말씀으로 서로의 진솔한 삶을 나누는 오후예배는 '꿔다 놓은 보릿자루' 신세인 초신자 남자성도들에게 당연히 재미있는 시간이 될 것이다.

온누리교회는 초창기에 다음과 같이 주일저녁예배시간에 전성도가 말씀묵상훈련을 하기도 하였다(주일 오후 예배로 변경하기 전까지).

먼저, 앉는 자리부터 말씀묵상을 잘하지 못하는 성도를 배려하여 말씀묵상을 어느 정도 잘하는 성도와 분리하여 앉도록 하였다.

　진행 순서는 본문을 교독하고 각자 말씀묵상 노트를 작성하는 시간을 가졌다.

　나눔 시간 직전에 잘하는 성도들이 잘하지 못하는 성도 쪽으로 이동하여 소그룹으로 섞여 앉은 후 함께 나누는 시간을 가졌다. 다음 간증과 발표시간에는 잘하는 성도가 처음 하는 성도 중에 나눔을 잘한 성도를 추천하여 다 함께 은혜를 나누고 격려해 주었다.

　마지막으로 담임목회자가 정리하고 마쳤다.

'자율훈련'을 위한 효과적인 세미나 운영 전략

　'자율훈련'은 성도들이 스스로 찾아서 배우는 방식이다. 따라서 담임목회자 입장에서 보면 훈련장소에 스스로 찾아오는 성도들을 만나는 방식이다. 스스로 찾아오는 성도는 결국 평소에 해당 사역에 대하여 '마음에 소원을 가지고 있던 성도'이다. 그들은 대개 해당 사역에 은사를 가지고 있는 성도라고 보면 된다.

　이제까지 대부분의 교회에서 실천한 교육방식은 전체 성도를 대상으로 획일적으로 교육시키는 방식이었다. '자율훈련'은 자발적으로 찾아온 성도들을 확실하게 훈련시켜 사역자로 세운 후 다른 성도들을 섬기게 하는 전략이다. 단 한 명이 오더라도 열심으로 배우려는 마음 자세를 가지고 있는 성도를 만나는 것이다.

어떻게 이미 '마음에 소원을 가지고 있던 성도'를 발굴할 것인가?

첫째, 훈련 시간을 특화시키는 전략이다.

대부분 교회에서 세미나를 통하여 새로운 훈련을 시작할 때, 주일오후예배시간을 활용하고 있다. 세미나 시간을 주일오후예배시간과 연계하면 전 교인 대상으로 의무적으로 참석하도록 강요하는 것이다.

'평소에 마음에 소원을 가지고 있던 은사자 성도'를 발굴하려면 훈련 시간은 예배시간을 피해서 결정해야 한다. 주일 오후예배를 마치고 하는 것이 바람직하다. 어느 교회에서는 '말씀묵상축제를 위한 준비모임'을 통하여 나눔조장을 발굴하기 위하여 월요일 오후 8시에 진행하기도 하였다.

둘째, 참가 성도를 특화시키는 광고전략이다.

예배시간의 광고시간에 담임목회자가 "평소에 관심을 가지고 있던 성도만 오라."고 하면 된다. 물론 구역장이라고, 집사나 장로라고 의무적으로 오는 것이 아니라고 거듭 강조하면 된다. 모임 명칭도 '말씀묵상축제를 위한 준비모임'이라면 아예 '말씀묵상을 사모하는 모임'이라고 하는 것이다.

이렇게 접근하는 데는 아주 중요한 이유가 있다. 교회 안에서 누구나 인정하는 객관적인 근거 없이 사역자로 세우면, 세워지지 못한 성도들이 마음에 불만을 가지게 된다. 자신이 그 훈련시간에 가지 않았기 때문에 세워지지 않아도 일단 불평을 할 수 없는 것이다. '발굴된 사역자'는 자동적으로 향후 해당 사역팀원이 된다.

'발굴된 사역자'를 활용하여 어떻게 모든 성도를 훈련할 것인가?

'발굴된 사역자'를 활용하여 전체 성도들을 훈련하는 단계별 전략이다.

첫째, '발굴된 사역자'를 세우려면 확실하게 세워야 한다.

'발굴된 사역자'는 훈련조장(소그룹 리더)으로 세워서 처음 하는 성도들을 도와야 한다.

모든 성도 앞에 '발굴된 사역자'를 세울 때는 반드시 복장(상의는 흰색 계통 티셔츠나 와이셔츠, 하의는 곤색이나 검정색 바지)을 통일시키고, 각자의 이름을 새긴 명찰을 만들어 주어 가슴에 달도록 하여야 한다. '발굴된 사역자'는 책임감을 더 느낄 것이며, 그들을 바라보는 성도들은 도전을 받고 스스로 열심을 내게 된다. 훈련조장으로 배치할 때는, 전성도 앞에 나오도록 하여 인사를 시킨 후 각자 미리 정해진 자리에 앉도록 한다.

둘째, 전체 성도가 모일 수 있는 주일오후예배시간을 활용하는 전략이다.

모든 성도 대상으로 시행해야 하는 이유가 있다. 자신이 어떤 사역에 은사를 가지고 있는지 참석해 보지 않으면 잘 모른다. 반드시 전성도 대상으로 시작하여야 은사자 발굴 폭이 넓혀지게 되는 것이다.

특히 말씀묵상(큐티)은 교회 안에 '말씀으로 삶을 나누는 문화'를 빨리 정착시키기 위해서 '드러내는 성향'을 가진 성도들이 주도해야 한다. 오늘 처음 등록한 새가족이 해당될 수도 있다. '드러내는 성향'을 가진 성도들은 말씀묵상모임을 통해서 성령님께서 그들의 마음을 만지실 때 눈물이 있는 나눔을 발표하게 된다. 따라서 말씀묵상을 처음 도입할 때는 눈물 있는 감동적인 나눔 발표로 모든 성도들의 마음을 녹이는 것이 필요하다.

말씀묵상은사자는 직분과 학력과 상관없이 분포되어 있다. 새가족이라도 모든 성도가 모인 모임을 통하여 눈물 있는 나눔을 하면서 공개적으로 세워져야 시기심이 덜하게 된다.

주일오후예배시간을 활용할 때는 주의할 사항이 있다.

모든 성도 대상의 훈련 프로그램이 두 달, 즉 8주가 넘어가면 성도들은 지치게 된다. 어느 정도 은사와 열정 그리고 관심을 가진 성도들이 발굴된 다음에는 사역팀 모임으로 전환시켜야 한다. 사역팀 모임으로 전환된 다음

모임시간은 주일오후예배시간을 겸해서 하면 안 된다. 그래야 다시 관심 있는 성도들만 참석하고, 자신이 원하면 사역팀원에 자원하여 본격적으로 섬기게 된다.

'자율훈련교회'는 이렇게 '자율성'과 '타율성'이 조화를 이루는 훈련과정으로 만들어지는 것이 특징이다.

10단계

함께 교회를 세워 나간다는 것을 성도들이 체험케 하라!

- 목회행정 참여시키기[일대일 연결관리부] : 등에 식은땀이 났어요

비전
공유하기

비전
추진하기

비전
열매맺기

일대일 나눔 교사는 모든 성도대상으로 학습반을 마친 다음 학습반에서 배웠던 교재를 다시 배우는 교사반을 수료함으로써 재생산된다. 일대일 나눔 성경공부를 핵심 리더 대상으로 처음 시작한 다음 교사로 세워 다른 성도들을 연결해야 하는 단계가 온다. 대부분의 목회자들은 당연히 목회자나 사모가 연결해야 한다고 생각할 것이다. 한번 성도들 입장에서 생각해 보자. 성도들은 담임목회자가 연결한 여러 팀의 교사들과 자신에게 연결된 교사를 바라보면서 비교하게 된다. 성도들에게 담임목회자가 성도들을 차별한다는 공연한 오해를 불러일으켜 아주 심각한 후유증이 발생될 수도 있다. 일대일 나눔 성경공부를 처음 도입한 교회에서 교사 연결에서 나타나는 성도들의 반응을 본 어느 교회의 사모는 "등에 식은땀이 났다."고 하였다. 만일 사모가 연결했더라면 문제가 생겼을 것이라고 하였다.

그러면 누가 연결해야 바람직한가?

일대일 연결은 교구내 성도들의 상황을 잘 알고 있는 교구리더들을 일대일사역팀의 연결관리부로 조직해서 섬기도록 해야 한다. 일대일 나눔 성경

공부는 평신도들이 목회행정분야에 참여하는 사역의 장도 여는 프로그램이다. 목회행정분야에 참여하는 성도들은 담임목회자와 함께 교회를 세워 나간다는 것을 직접 체험하는 성도가 된다. 이러한 사역을 섬기는 성도는 이제까지보다 더 열심히 교회를 섬기게 된다.

11단계

[새로운 전도전략 1] 전도의 열정이 성도 본인으로부터 나오게 하라!

– 끈질긴 전도대원 만들기[일대일 입학/수료식] : 나하고 일대일 할래요?

'내가 교사가 되다니!' 의 감동에서……

감동적인 예배는 당연히 감동적인 설교가 있어야 한다. 그밖에도 예배에 참여한 성도들에게 감동을 주는 순서도 생각해 보아야 하는데 바로 성도의 간증이 그것이다. 세례식 때 대표 세례자의 간증, 평신도 선교사 파송식에서의 간증 등이 있다. 유아세례식에서 아버지가 아기를 품에 안고 간증하는 시간을 갖는 교회도 있다.

일대일 나눔 성경공부에 대한 전체 성도들의 참여는 자율훈련교회 만들기의 기초를 이루고 있다. 모든 성도들에게 일대일 나눔 성경공부에 대한 인식을 새롭게 할 필요가 있다. 모든 성도들이 참여하는 주일예배에 매달 한번씩 일대일 교사와 학습자 입학/수료식을 시행하는 것이다. 이때 학습반을 마친 성도의 간증과 교사를 섬긴 성도의 간증을 순차적으로 하게 되면 그들의 감동이 성도들에게 전해진다.

성도는 자신이 스스로 부족하다고 생각했지만, 교사로 세워지고 학습자 양육을 하나님의 은혜로 잘 마친 사실을 확인할 때 '내가 교사가 되다니!'

하고 감격한다. 이때 다른 성도들도 나도 교사를 할 수 있다는 도전을 받기도 하고, 평신도로서 섬기는 사역의 기쁨을 서로 나눌 수 있게 된다. 담임목회자에 대한 신뢰와 존경은 성도 개인의 발전을 통해 나온다.

새로운 전도전략 1

끈질긴 전도대원을 만들기까지……

많은 담임목회자들이 성도들에게 강력하게 전도를 촉구할 때 도입하는 프로그램으로 '전교인 총동원주일'이 있다. 모든 성도들이 평소에도 전도에 관심을 가지고 있다면 그렇게까지 강권하여 예배당의 빈 좌석을 채우려고 하지 않을 것이다.

성도들이 스스로 전도하지 않으면 안 되도록 만드는 목회전략이 있다. 성도들의 마음에 새로운 전도열정을 불어 넣는 전략이다.

일대일 나눔 교사로 일대일 학습반을 한번 섬긴 성도들은 교회에서 자신이 양육할 성도를 계속 연결해 주기를 바란다. 성도가 적은 교회는 새로 학습반에 연결할 성도가 없는 때가 온다. 일대일 나눔 교사는 이제 스스로 양육할 성도를 찾아 나서게 된다. 평소에 알고 있던 이웃을 찾아가 화장지나 세제 등 간단한 생활용품 선물도 주고 식사도 하면서 공을 들이기 시작한다. "나하고 일대일 할래요?" 전도 대상자를 만나야 하는 목표가 자신에게 있기 때문에 끈질기게 노력하게 된다. 일대일 나눔 교사가 등록 전에 양육한 새가족은 새가족반에서 구원의 확신만을 다시 점검하고 등록시켜서 구역에 배치하고, 일대일 학습반은 면제한다.

12단계

스스로 공부하는 성도로 세우라!

– 자율훈련 시작[일대일 나눔 교사, 말씀묵상나눔조장] : 새벽 두 시까지 공부했어요

비전 공유하기
비전 추진하기
비전 열매맺기

"새벽 두 시까지 공부했어요." 일대일 나눔 교사를 시작한 어느 리더의 고백이다.

새벽 두 시까지 학습자 성도를 잘 양육하기 위하여 열심히 준비하는 자신의 모습을 바라보던 남편도 감격해서 스스로 도와주기 시작했다고 하였다. 이런 고백을 듣는 담임목회자의 기쁨과 감격은 이루 말할 수 없을 것이다.

말씀묵상모임을 섬기는 나눔조장들도 마찬가지이다. 어느 남자 말씀묵상나눔조장은 "이전에는 회사 업무가 바빠서 매일 대충 하던 말씀묵상도 나눔모임을 잘 인도해야 한다는 '거룩한 부담' 으로 더 열심히 하게 되었다."고 고백하였다.

대부분의 목회자들은 자신이 성도들을 열심히 가르쳐서 잘 배우도록 하는 데 온 힘을 기울이고 있다. 하지만 이제는 생각을 바꿔야 한다. 평신도가 평신도를 가르치는 사역은 일방적으로 가르치는 것이 아니라 교사인 자신이 가르치면서 다시 배운다는 것을 스스로 깨닫게 만든다. 자발적으로 새벽 두 시까지 공부하는 성도는 목회자가 강요해서 만들어지지 않는다. 누가 시

키지 않아도 스스로 공부하는 성도는 훈련된 구역장을 세우는 양육체계에서 찾아보기 힘든 자율훈련 목회의 열매다.

13단계

교회 공간이 부족하다는 것을 몸으로 느끼도록 하라!
− 선택식 성경공부반 개설하기 : 방이 부족해요

'거룩한 부담'을 가져서 스스로 공부하는 성도들은 무언가 찾아 배우려고 한다. 담임목회자가 무언가 배우려는 성도들에게 배우는 장을 마련해 주지 않으면 교회 밖으로 이리 저리 찾아 나서게 된다. 그러한 성도들은 담임목회자에게 죄송한 마음을 가지고 숨어서 배우러 다닌다.

훈련된 구역장을 세우는 대부분의 교회 양육체계를 살펴보면 성경공부 프로그램을 단계별로 이수하도록 되어 있다. 이것은 이미 배운 과목을 다시 배우고 싶어도 배우지 못하는 한계를 가지고 있다. 그리고 배우고 싶은 과목이라도 그 단계가 되지 않으면 배우지 못하는 아쉬움을 가지고 있다. 이미 이전 출석교회에서 훈련받은 수평이동교인에게 기초 수준반부터 듣게 하면 수강을 거부할 수도 있다.

성도들의 다양한 배움의 욕구를 채울 수 있는 방법은 스스로 찾아 선택하는 방식으로 성경공부반을 개설하면 해결할 수 있다고 이제는 자동적으로 전략이 생각날 것이다. 이미 배운 과목이라도 자신이 더 배우고 싶다면 얼마든지 반복해서 수강할 수 있어서 학습의 효과가 매우 높다. 일정한 교회 등록기간을 거치지 않아도 배울 자격이 부여되기 때문에 수평이동 새가족도 등록과 동시에 선택과목은 무엇이든지 배울 수 있다. 자율훈련 목회의 성공은 선택식 성경공부와 아주 밀접한 관계를 가진다.

대부분의 목회자들은 성도가 늘면 교육관을 임대하거나 건축한다. 성도들은 교회공간이 부족하다고 생각하지 않아도 목회자가 나름대로 판단하여 추진하기도 한다. 성도들이 몸으로 교회공간이 부족하다는 것을 인지할 때 교육관을 순적하게 마련할 수 있다.

이제까지 교회학교와 분반공부반의 공간마련에만 온 힘을 기울였을 것이다. 선택식 성경공부반을 다양하게 개설하면, 성도들이 스스로 교회 공간이 부족한 것을 인지하는 목회적 유익을 얻게 된다. 교역자가 담임목회자 한 명뿐인 교회도 마찬가지이다. 우선 주일에는 한 두 과목 정도밖에 개설하지 못한다. 주중에 다양한 성경공부반이 마련되어야 성도들이 바쁘게 움직이는 교회라는 것을 느끼게 된다.

성도들이 배우기 위하여 바쁘게 움직이는 교회는 조만간 부교역자도 청빙하게 된다. '자율훈련교회'는 엘리트 부교역자도 배출하는 교회이다. 담임목회자와 부교역자가 같은 시간에 각각 다른 과목의 성경공부반을 개설하는 것이다.

주일에 부교역자가 담당하는 성경공부반을 개설할 공간을 마련하기 위하여 기존의 여러 공간 사용계획을 성도들과 함께 연구하는 것이다. 이때 성도들의 입에서 자연스럽게 교육관을 마련하자는 의견이 나오게 되는 것이다. 성전 증축이나 이전문제도 마찬가지이다. 현재의 교회공간 부족을 성도들이 스스로 알 수 있도록 하여야 자발적인 건축헌금도 이루어진다. 온누리교회의 성도들은 스스로를 '온난리교회'라고 부른다.

14단계

교회를 섬기는 데 은퇴가 없음을 알게 하라!

— 새가족반 재편하기 : 갈렙 리더 만들기

여호수아에게 "이 산지를 내게 주소서"(수 14:12) 하며 팔십오 세에 아낙 사람이 살고 있는 헤브론 땅을 차지하기 위해 분연히 나선 갈렙이 있다. 교회 또한 갈렙과 같은 나이일지라도 교회를 충성스럽게 섬기는 리더를 배출해야 한다. 기존의 '전통적인 교회시스템'에서는 그 나이면 은퇴장로에 해당된다. 그들은 사역일선에서 은퇴하므로 소외되거나 서운한 마음을 가졌을 것이다. 그렇다면 어떻게 연로한 리더들을 다시 세울 수 있을까? 교회를 오래 섬긴 리더들의 담임목회자와 교회를 사랑하는 마음이 성도들에게 전해지도록 해야 한다. 그들을 새가족과 일대일로 연결되는 새가족반 교사로 세우는 것이다.

새가족반 교사로 새가족과 지속적으로 만나면 건강한 사고를 가지게 된다. 이러한 새가족반 교사 운영은 교회 공동체의 안정을 위한 목회전략도 이룰 수 있다. 안정된 목회를 위해서 담임목회자가 장로와 권사 그리고 평신도 사역팀을 임원급으로 섬기는 안수집사와 여자 집사까지 교회 전체의 핵심 리더를 제도적으로 만나는 매트릭스 조직모임이 필요하다.

'전통적인 교회시스템'에서 담임목회자와 핵심 리더가 만나는 제도적인 접촉점 중 가장 중요한 것은 당회이다. 그러나 당회의 한계가 있다. 간혹 당회가 담임목회자와 장로들 사이에 불편한 마당으로 변할 수 있다. 또 당회는 담임목회자가 권사와 안수집사들을 만날 수 있는 모임이 아니다.

어떤 제도적인 조직을 만들지 않은 상태에서, 담임목회자가 누구는 오고 누구는 오지 말고 하며 리더들을 구분하여 만나기는 대단히 곤란하다. 새가족반 교사를 섬기는 핵심 리더들과의 정기적인 만남의 장은 교회공동체의 안정에 중심적인 역할을 할 것이다.

새가족반 교사는 1년 임기제를 도입하여 연말에 새로 임명하도록 해야 한다. 연임제한은 교회 형편을 감안하여 탄력적으로 운영하는 것이 바람직하다.

그러나 소외된 리더와 서운한 리더가 될 수 있는 '갈렙'과 같이 연로한 리더들은 본인이 스스로 사양하지 않는 한, 또 체력이 되는 한 계속 섬길 수 있도록 배려해야 한다.

15단계

성도를 향한 담임목회자의 사랑을 뼈 속 깊이 새겨지게 하라!

— 새가족 만남의 잔치 : 장로님, 저와 함께 설거지하시지요

담임목회자가 설거지를 해야 한다는 이 말에 개척교회 목회자들은 어이없어 할 수 있다. 화장실 청소뿐만 아니라 세면기 고치기 등 각종 궂은일을 '혼자' 다 하고 있기 때문이다. 개척초기에는 돕는 일손이 없기 때문에, 특히 남자성도가 없기 때문에 그럴 수 있다. 문제는 성도들이 조금 늘어도 여전히 '혼자' 다 하는 것이다. 그러나 아무리 어이없어 하더라도 담임목회자가 설거지는 잘 하지 않는다. 어쩌면 담임목회자 사모가 궂은일을 다 하고 있을 수 있다.

어느 담임목회자가 주일에 성도들과 설거지를 무작정했다고 한다. 몇 주일을 하다가 슬며시 그만두었다고 한 리더가 전해 주었다. 나는 그 담임목회자가 아마도 별 의미를 찾지 못해서 그만두었다고 생각한다.

그렇다면 몸으로 섬기는 사역은 성도들과 어떻게 해야 바람직할까? 떡을 떼며 마음을 나누는 프로그램을 가진 다음에 해야 그 감격이 더욱 커진다. 새가족 만남의 잔치에서 새가족들이 교회에 오게 된 동기와 예수 그리스도를 믿게 된 동기를 나누게 한다. 그리고 교회에 와서 느낀 소감을 말하고

기도제목을 내놓으면 함께 중보기도를 하는 것이다. 이러한 마음 나눔의 은혜가 몸으로 섬기는 사역에 녹아져야 섬김이 지속적으로 이어질 수 있다.

　개척 초기부터 담임목회자와 설거지하며 몸으로 함께 섬긴 리더는 성도가 늘어 교회가 커진 다음에도 여전히 담임목회자와 함께하였던 시간을 기억하게 된다. 특히 교회 핵심 장로급 남자리더의 뼈 속에 담임목회자를 사랑하는 마음이 새겨지는 그런 교회는 담임목회자가 사정상 2년 간 교회를 비워도 흔들리지 않을 것이다(참조 : I부 5. 남자성도 활동전략).

16단계

[새로운 전도전략 2] 안 믿는 이웃조차도 당신의 교회를 선전하게 만들라!

– 소문난 교회 만들기[본보기 부부구역 세우기] : 내 남편의 변화를 위해서 저 교회에 나가자!

이제 내 남편에게도 서광이 보인다!

'남자성도가 나오는 교회 만들기'는 여자성도들에게 성경지식이 부족한 자신의 남편들도 세워질 수 있다는 가시적인 가능성을 보여 주어야 성공한다.

그 방법이 바로 본보기 부부구역을 세우는 것이다. 말씀묵상 나눔모임을 통하여 나눔모임 인도능력을 익힌 남자조장을 부부구역의 구역장으로 세운다. 여자성도들은 나눔모임에 참여하면서 처음에는 어설프지만 점점 유연하게 인도하는 능력을 키워 나가는 남자성도를 눈여겨보게 된다. 여자성도들은 남자조장을 잘 세우기 위하여 한마음으로 힘을 모아 배려하게 된다. 마침내 본보기 구역장으로 세워지는 모습을 보면서 자신의 남편도 가능성이 있다는 확신을 가진다. '이제 내 남편에게도 서광이 보인다!'

전체 구역이 부부구역으로 전환된 뒤에 배출되는 구역장들은 새가족 때부터 이미 기존 남자구역장들이 인도하는 모습을 늘 보아 왔기 때문에 자연스럽게 인도하는 요령을 터득하고 있다. 따라서 구역장 임직과정에서 구역모임 인도훈련을 간단하게 하면 된다.

구역리더를 세울 때 일대일 나눔 성경공부와 연계 사항으로 부구역장은 연계를 안 하고, 구역장은 일대일 나눔 학습반 수료자를 대상으로 한다. 따라서 최초 본보기 부부구역을 조직하기 위하여 구역장대상자인 말씀묵상모임 남자조장은 일대일 나눔 성경공부 학습반에 우선적으로 배정할 필요가 있다.

새로운 전도전략 2

내 남편의 변화를 위해서 저 교회에 나가자!

'꿔다 놓은 보릿자루' 처지인 남자성도들이 변화되고 신실하게 구역을 섬기는 구역장으로 세워질 때 교회 공동체 온 성도들은 '남편들이 나오고 세워지는 교회'라는 확신을 가지게 된다.

이것은 성도들이 살고 있는 지역 주민들에게도 충격적으로 받아들여지게 된다. 매주일 부부가 다정하게 교회에 나갈 뿐만 아니라, 구역예배까지 함께 가는 가정이라는 소문이 지역에 나게 된다. 지역주민들은 이웃에 혼자 교회에 나가는 여자성도들에게 권면하기 시작한다. "당신 남편의 영혼구원을 위해서 저 교회로 가라!"

'소문난 교회'는 출석 성도들보다 외부인이 소문을 낼 때 더 신뢰하게 된다.

세상 연락을 즐기며 담배 피고 술 먹던 남자가 생활이 바뀌고 신실한 성도로 변할 때, 교회 주변지역 불신자 여성들도 '소문난 교회'에 관심을 가지게 된다. '대책 없는 내 남편의 변화를 위해서 저 교회에 나가자!' 이제 불신자 가정의 모든 식구들이 예수님을 영접하여 구원받는 계기가 된다.

또한, '꿔다놓은 보릿자루' 처지인 남자성도들이 단순히 몸으로 섬기는 사역팀만을 신실하게 섬기다가 안수집사로 세워질 때 더 큰 소문이 날 것이다.

17단계

교회 안에 섭섭이가 없게 하라!

― 사역 조직 개편하기 : 너나 잘하세요

기존의 교회시스템에서는 사역 조직이 제직회의 부서 조직과 남·여 전도회 중심의 친교회 조직으로 구성되어 있다. 이들 조직은 평신도 최고 리더인 장로나 안수집사 중심으로 운영된다.

평신도사역팀 체제로의 변경은 각 사역팀마다 담당 교역자를 세우고 안수집사급 팀장중심으로 부서 운영 리더십체계를 재편하는 것이다. 장로는 라인기능이 아닌 스태프 기능으로 지원자 위치에 서고, 사역팀 예산 감사권을 가진다.

사역팀 조직표는 다음과 같이 작성한다.

부서명	담당 교역자	담당 장로	팀장	총무	실행위원

여기에서 주목해야 할 사항은 담당 교역자, 담당 장로, 팀장 순으로 기재하는 것이다.

대부분 교회의 담임목회자는 '우리 교회도 당장에 사역팀 체제로 바꾸자!'라고 쉽게 생각한다. 부교역자에게 교회사역 조직표를 작성하게 하고 지원자 모집을 공고하려고 한다.

막상 담임목회자가 추진하기 시작하면 먼저 당회나 리더운영위원회에서 제동이 걸린다. 왜 제동이 걸릴까? 바로 당회원인 장로나 최고 리더들과 함께 미리 정보공유를 하지 않았기 때문이다. 아무리 좋은 계획을 수립했어도 최고 리더들이 전혀 모르는 상태에서 발표하면 제동이 걸릴 수 있다.

다행히 당회나 리더운영위원회를 통과하여 사역팀원 지원공고를 대대적으로 내었다면 성도들의 반응과 참여도는 어떠할까? 대부분의 목회자들은 많은 성도들이 지원서를 빨리 내리라고 생각한다. 이것도 큰 착각이다. 성도들은 다음과 같이 생각하며 지원서 작성을 주저하게 된다.

첫째, 한 부서에 남편성도가 지원하면 부인성도도 함께 신청해야 하는지 망설이는 그룹이 있다. 함께 참여해도 좋고 각각 따로 다른 부서에 지원해도 상관이 없다.

둘째, 왜 남자성도가 꼭 팀장이 되어야 하는지 기혼 여자성도와 미혼이거나 사별한 여자성도들간에 미묘한 생각의 차이가 있다. 현재 열심히 교회를 섬기고 있는 후자의 성도들에게는 말씀묵상나눔방장이라는 새로운 비전을 제시하여야 해결된다. 나아가 일대일 나눔 교사를 섬기므로 하나님께서 부어주시는 은혜가 상한 마음을 회복시킨다.

셋째, 방송실 등 기술부서를 섬기는 성도들이 로테이션 체제에 대하여 거부감을 가질 수 있다. 전문 기술분야는 사역지침서를 만들고 사역팀 내에 기획부를 조직해서 로테이션 체제로 함께 동역하는 마인드를 키워 주어야 한다. 기술부서는 교회가 커지면 교회직원 체제로 변경하는 것이 바람직하다.

넷째, 제일 염려해야 하는 것은 기존에 헌신하고 있던 성도들의 역저항이다. 특히 권사급 여자리더들에 대한 배려가 있어야 한다. 전성도 대상으로 사역지원서를 일괄적으로 받는다면 담임목회자가 생각하지 못하는 의외의 결과를 빚게 된다. 기존에 헌신하던 리더들은 새가족과 동일시한다고 생각하여 담임목회자에게 서운한 마음을 가지게 된다. '이제까지 나의 헌신이 무엇이었던가?' 하며 허탈해 할 수 있다.

이 허탈감은 섭섭한 마음으로 이어지게 된다. 온누리교회 하용조 목사는 교회는 섭섭이들이 그렇게 많다고 말하고 교회 안에서 사람들이 알아주지 않기 때문에 입이 뾰로통한 사람이 없기를 바란다고 하였다. 또한 "뭐가 그렇게 섭섭한지. 왜 싸우는지 아세요?" 하고 질문하면서 이권 때문에 이론 때문에 절대 안 싸우고 섭섭해서 싸운다, 감정이 쌓이고 쌓여서 당회에서 터지고 그게 제직회에서 터진 것이라며 별것 아니라고 하였다. 그 사람은 사람에게 무언가 기대했기 때문이다. 우리는 하나님께 기대하고, 예수님께 기대하고, 예수님의 말씀을 마음에 두어야 한다고 강조하였다(1986년 '두란노 인물별 성경연구', 도마).

최고 리더의 '역저항' : 너나 잘하세요!

잘하지 못하는 성도들이 거부감을 갖는 것이 '저항'이다. 반대로 어느 분야에서 탁월하게 독보적으로 잘하던 최고 리더가 같은 분야에서 다른 성도들도 쉽게 할 수 있는 새로운 목회전략을 추진하지 못하도록 막는 경우도 있다. 이것이 최고리더의 '역저항'이다.

최고 리더는 차세대 리더가 세워지면 자신을 향한 담임목회자와 성도들의 관심이 줄어듦으로써 섭섭한 마음을 미리 가질 수 있다. 담임목회자가 믿었던 최고 리더는 담임목회자에게 "새로운 목회전략을 더 검토해 보자."고 하면서 의도적으로 시행을 유보시킬 수 있다. 최고 리더의 '역저항'은 '리더 적체현상'을 사전에 예방하려는 자위조치(?)라고 본다.

남자성도 중심 사역팀체제 교회로 전환할 때 '섭섭이'를 해결하는 것이 가장 중요한 과제이다. 바로 여자 리더성도의 마음을 미리 알아서 '역저항'에 대비하여야 한다.

　그동안 각 부문별 사역을 주관하면서 열심히 섬기던 여자 리더성도의 남편 성도들이 우선 세워지도록 모든 성도가 배려해야 한다. 그렇지 않으면 마음속으로 '너나 잘하세요!' 하며 전혀 움직이지 않게 된다.

나가며

어느 교회나 때가 되면 장로, 권사, 안수집사 그리고 서리집사를 세우는 장립과 임직예배를 드리게 된다. 순서를 맡은 목회자들이 "열심을 내어라! 충성하고 순종하라!"고 권면한다. 그러면 누구에게 그리고 무엇에 충성하고 순종하라고 하는지 한번 곰곰이 생각해 보아야 한다. 당연히 예수님 그리고 교회에 충성하고 순종하라는 것이다. '교회에 충성'에 대해서 구체적으로 생각해 보자. 현재 잘 안 움직이고 있는 기존의 교회시스템에서 청소를 더 잘하라고, 주방봉사를 더 잘하라고 또 주차봉사에 더 열심을 내라는 말로 들릴 수 있다. 아니면 헌금을 더 많이 하라는 것으로 들릴 수 있다.

참으로 안타까운 현실이다. 성도마다 하나님 나라의 확장을 위해서 개인의 영적성장과 맡은 직임의 사역 수행능력 발전에 비전을 가지고 거기에 더 열심을 내고 충성하며 순종하라는 말로 받아들여져야 한다.

'남자성도가 나오는 교회 만들기'는 '남자성도중심으로 전 성도를 세우는 자율훈련교회'가 되고, 궁극적으로 '기존 성도와 새가족이 하나가 되는 교회'를 만들게 된다.

기존 성도와 새가족이 하나가 되려면 첫째, '소외된 리더와 서운한 리더가 없는 교회'가 되어야 한다. 소외되거나 서운한 리더는 자칫 부정적이거나 비판 성향의 리더로 변질되기 쉽다. 이러한 리더의 해결방안은 '거룩한 부담'을 주어 '자신의 부족을 스스로 알도록 만드는 교회시스템'에서 해결된다.

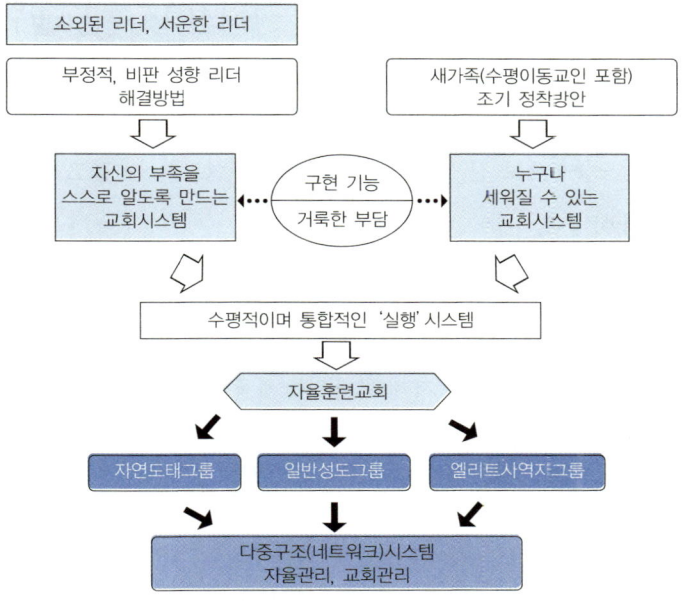

〈기존 성도와 새가족이 하나가 되는 교회〉

둘째, '기존 성도와 새가족이 하나가 되는 교회'가 되려면 수평이동 교인을 포함하여 새가족이 빨리 정착하는 교회가 되어야 한다. 이것은 '거룩한 부담'을 주어 '누구나 세워질 수 있는 교회시스템'에서 해결된다.

'거룩한 부담'은 '수평적이고 통합적인 실행시스템'에서 작동되어 '자율훈련교회'를 이루게 된다. '자율훈련교회'의 성도는 자연도태그룹, 일반성도그룹 그리고 엘리트사역자그룹으로 구성된다. 이 세 그룹의 성도들이 교회에 잘 적응하고 늦게라도 스스로 참여하는 성도가 되기 위해서는 구역조직과 사역조직이 분리되어 네트워크를 이루는 '다중구조시스템'이 필요하다.

다중구조시스템을 통하여 성도들은 '자율관리'와 '교회관리'로 정착하고 성장하게 된다.

'자율관리'는 성도가 스스로 교회 프로그램과 사역을 찾아서 참여하고 적응하는 것이다. '교회관리'는 담임목회자가 주관하는 기도모임 등과 같이 제도적으로 운영하는 모임에서 이루어진다.

'남자성도중심으로 전 성도를 세우는 자율훈련교회'는 결코 새로운 교회시스템이 아니다.

"교회에서는 특별히 목회나 교회 관계에서는 '저 바다'가 있는 게 항상 좋습니다. 누구를 막론하고 '저 바다'가 있는 게 좋습니다. 거리를 두고 사귀는 게 제일 좋습니다. 부인만 빼놓고 항상 '저 바다'를 두고 사는 게 좋습니다."(1985년 '두란노 인물별 성경연구' 프로그램, 요셉 1)

하용조 목사가 온누리교회 창립 이전에 한 말로 '저 바다' 즉 '不可近, 不可遠'이라는 '준비된 목회관'을 가지고, 성도들을 '끼리끼리 단짝'이 아닌 '예수님과 단짝'을 만드는 온누리교회 목회를 시작했음을 말해 주고 있다.

'남자성도중심으로 전 성도를 세우는 자율훈련교회시스템'은 이러한 하용조 목사의 '不可近, 不可遠'이라는 '목회관'에 따라 한국인 정서를 반영하여 온누리교회를 20여 년 간, 5만여 성도로 성장하기까지 검증된 시스템인 것이다.

'꿔다 놓은 보릿자루' 신세인 남자성도들이 더 이상 교회 밖에서 방황하지 않도록 해야 한다. 한국교회가 당면하고 있는 마이너스 성장을 해결하는 새로운 목회전략은 '꿔다 놓은 보릿자루' 처지인 남자성도들을 교회에 나오도록 만드는 것이다. 그들이 교회중심의 삶으로 변화된 신실한 그리스도인이 되는 그날까지 '남자성도중심으로 전 성도를 세우는 자율훈련교회'는 우리가 반드시 이루어야 할 비전이다.

마지막으로 남자성도중심으로 전 성도를 세워야 하는 매우 중요한 세 가지 이유가 있다.

첫째, 남자성도들이 세워져 남성적인 리더십이 구축되면 교회사역을 추진하는 데 역동성을 가지게 된다.

온누리교회의 어느 남자리더가 전하는 말이다. 섬기는 사역팀에서 아웃리치를 부부 중심으로 한 해 동안 4번 정도 자비량으로 가는데, 가정 당 일년에 천만 원 정도가 든다고 하였다. 그 남자리더는 남편들이 결정해서 나가니까 큰 비용지출도 가능하다고 하였다. 이렇게 남자성도가 움직이면 큰 규모의 사역도 가능하게 된다.

둘째, 교회 안에 갈등을 해결할 수 있는 목회 전략이 마련된다.

교회는 예수 그리스도 안에서 온 성도가 하나가 되어야 한다. 하지만 죄인들이 모이는 교회 안에는 그렇게 아름답지 못한 모습이 드러나고 있다.

교회 안에 싸움의 원인 분석과 해결 방안에 대해 하용조 목사가 한 말이다.

"구제하는 일은 좋은 일입니까? 나쁜 일입니까? 좋은 일입니다. 그러나 그 일 때문에 '누가 더 많이 하느냐? 나를 뺐느냐, 안 뺐느냐? 누구에게 더 많이 주었느냐, 안 주었느냐?' 가지고 싸움이 시작되었습니다. 다시 말하면 이런 유의 싸움은 교회 안에 얼마든지 발견할 수 있는 일입니다. 뭐 교회가 싸우는 일들은 거의 다 이런 유형에 속하는 싸움들입니다. 여전도회의 알력들, 성가대의 알력들, 목사와 장로 사이에 알력들, 교회 안에 여러 파벌싸움들은 전부 이런 유의 아주 시시한 걸 가지고 아주 생명을 내걸고 심각하게 싸우고들 있어요. 한마디로 말하면 그들이 무얼 생각 안 했기 때문에 하나님의 명령에 바로 순종하지 않았을 때 이런 시시한 문제들을 가지고 열심히 싸웁니다.

저는 하나 배운 결론이 있습니다. 교회가 전도하고 있을 때는 안 싸웁니다. 교회가 선교사를 파송하고 그들을 위해서 기도하고 있을 때는 안 싸웁니다. 그러나 선교사를 파송하는 것을 잃어버리고 교회가 전도하는 것을 잃어버리면 시시한 문제들이 아주 심각해지고, 그것으로 인하여 심각하게 멱살 잡고 싸우는 현상들을 발견하게 됩니다."(1986년 '두란노 인물별 성경연구' 프로그램, 빌립 집사)

결국 하용조 목사는 예수 그리스도의 지상명령에 순종하여 '하나님 나라를 확장하는 선교'에 초점을 맞출 때 '교회문제를 해결'할 수 있다는 '목회 노하우'를 온누리교회 창립 전부터 이미 가지고 있었던 것이다.

온누리교회 창립 후 19년이 지난 2004년에 하용조 목사가 어느 대학에서 열린 집회에서 '갈등에서 비전으로'라는 제목으로 다음과 같은 말을 전했다.

"문제는 언제나 생길 수 있지만 비전을 제시하면 풀립니다. 비전을 제시하지 않고 안주하거나, 비전을 제시하지 않고 유지하려고 하면 위기에 빠집니다. 비전을 소유하시기 바랍니다."(온누리신문 제511호, 2004년 10월 10일, 12면)

이 말을 통해서 하용조 목사는 '비전을 제시'함으로 '문제를 해결'하는 '목회 노하우'를 하나 더 가지고 있다는 것을 알 수 있다. 내가 어느 목회자로부터 전해 들은 이야기가 있다. 그 교회에 예전에 하용조 목사가 연예인교회를 시무할 때 출석하였던 리더가 있다고 한다. 그때 하용조 목사는 성도들에게 끊임없이 '비전'을 이야기했다고 한다. 그 당시에는 '꿈과 같은 이야기'라고 다들 이해를 못했는데, 그 리더는 현재 '하나님의 작품인 온누리교회'를 보면 그 비전이 이루어진 것을 보게 된다고 했다.

'남자성도가 나오는 교회'가 되면 '자율훈련교회'가 되어 직분과 상관없이 누구나 세워지는 교회가 된다. 기존 리더의 '저항'과 '역저항'은 그동안 교회 안에 누적되었던 갈등과 맞물려서 '아주 시시한 걸 가지고 아주 생명을 내건 심각한 싸움'으로 발전될 수 있다.

우리 그리스도인들은 그동안 교회 안에 있어 왔던 '갈등'과 '심각한 싸움'을 사라지게 해야 한다. 온 교회 공동체가 '뛰다 놓은 보릿자루' 신세인 남자들을 교회에 나오게 하는 '눈높이 전도전략'에 생각을 모으고, 남자성도를 세우는 '새로운 비전'을 향하여 선의의 경쟁과 협력을 할 때 '갈등'과 '심각한 싸움'은 사라지게 될 것이다.

셋째, 남자성도와의 만남은 '목회자의 의지훈련'을 강화시킨다.

"죄 안 짓기를 기다리지 말고 그냥 죄 짓지 말아요. 그러 저는 늘 그런 얘기를 해요. 어떤 사람이 사랑해서는 안 될 사람을 사랑하게 됐다나요? 그러면 '오! 주여!' 하고 또 새벽기도를 나와요. '어찌하면 좋사오리까?' 뭘 어떻게 하면 좋아요. 그냥 안 하면 되지. 그건 기도할 것도 없어요. 그냥 안 하면 돼요, 안 하면. 그런 거 가지고 뭘 기도해요? '하!' 그런데 뭐 그 사람하고 눈이 맞아가지고 그냥 '하!' 가슴앓이하고 뭐, 교인이 자기를 사랑하고 어쩌고. 그거 갈등 느낄 것 하나도 없어요. 그냥 안 하면 돼요. 그건 하나님께 물을 것도 없어요. 뻔한 거니까. 그 왜 그런 문제가지고 갈등을 해요? (회중 웃음) '의지훈련'이 안 돼서 그래요. 몰라서 그렇대나 뭐? 모르고 알고 문제가 안 돼요, 이건. 이게 뭐냐면은 우리들이요. 특별히 목사님들도 '의지훈련'이 안 되가지고, 성직자들도 그런 실수를 얼마나 많이 합니까? 왜 교인들하고 사건이 생겨요? 그렇지 않아요? 그냥 안 되는 것 뻔히 알면서 왜 가까이 접근하고……. 왜 만나요? 만나긴(회중 웃음) 딱 끊어요. 그냥. 딱 끊고. 그런 건 절대 아무튼 말이 안 나게 만들어야 돼요. 그건 의지의 문제 아니겠어요? 예수 믿는 데도 죄 안 짓기를 기다릴 것 없어요. 죄 안 지으면 되고요. 그런 '의지훈련'을 시켜야 된다는 거지요."(1987년 두란노서원의 일대일 양육 세미나 '그리스도인임을 확신하는 방법')

'의지훈련'은 '생각'과 '말'과 '행동'으로 강화시킬 수 있다. 담임목회자들은 보통 교회를 열심히 섬기는 여자성도들과 함께 사역을 하게 된다. 담임목회자의 '생각'이 '남자성도 중심 목회'에 있다면, 함께 동역하는 여자성도들에게 다음과 같은 말을 항상 하게 된다. "나는 당신의 남편이 교회에 나오고, 당신의 남편을 세워서 이 사역도 당신 부부가 함께 섬기도록 하는데 모든 관심을 가지고 있습니다."라고 '말'하는 것이다. 그리고 여자성도들의 남편들을 교회에 나오도록 권면하기 위해, 부부를 초청해서 함께 식사하는 '행동'을 실천하는 것이다. 이렇게 남자성도에 관심을 기울이는 목회를 하는 담임목회자의 '의지훈련'은 당연히 강화될 것이다.

이제 우리 모두는 교회 공동체에 선포해야 한다.

"이제부터 우리 교회는 '남자성도 중심으로 전 성도를 세우는 자율훈련교회'의 '새로운 비전'을 향해 나아갑니다."

이러한 '새로운 비전'은 하나님께서 우리에게 주신 것이다. '남자성도 중심으로 전 성도를 세우는 자율훈련교회 만들기'는 성령님께서 하시는 것이다.

따라서 우리의 사고방식과 가치관 속에는 '하나님께서 하셨다'는 생각을 철저히 가져야 한다.

'하나님의 작품, ○○○ 교회'

우리는 마음속에 항상 이 메시지를 꼭 새겨야 한다.

참 조

다음은 건강한 교회성장 이제는 시스템이다-온누리교회 분석하기(이상수 지음, 도서출판 말씀삶)에 수록된 해당 전략번호와 페이지입니다.

I부 남자성도가 나오는 자율훈련교회 맥잡기 : 발상의 전환 9가지

1. 믿지 않는 남편 전도전략

믿지 않는 남편을 전도할 때 누구에게 부탁할까? <25> p 87

처음 나온 남자성도들의 수준은? <41> p 105

2. 남자성도 교회정착전략

남자성도가 교회모임에 계속 나오게 하려면? <42> p 106

잠자는 성도는 어디부터 깨어나야 할까? <38> p 104

교회 모임에 지속적으로 나오게 하려면? <42> p 106

[발상의 전환 2] 구역예배 p 6, <45> p 108

성경지식이 부족한 남자성도를 믿고 세울 수 있는 방법은? <전문 26> p 258

3. 남자성도 훈련전략

[발상의 전환 3] 구역장 교육 <전문 71> p 286

[발상의 전환 4] 구역장 자격 <전문 77> p 312

[발상의 전환 6] 성도 접촉점 <97> p 183

[발상의 전환 7] 양육체계   <36> p 102

4. 남자성도 참여전략

「자율훈련교회시스템」접촉점 분석 <103> p 197

문제성도는 어떻게 만들어지나? <81> p 164

자율참여교회 만들기 <98> p 186, <103> p 197, <89> p 174

[발상의 전환 8] 자율참여교회 만들기 – Give and Take! <전문 99> p 347

5. 남자성도 활동전략

[발상의 전환 9] 양육목표[임직자 후보]

<'자율훈련교회시스템'(건강목회시스템 111 전략)과 '경영학'의 만남> p 385

Ⅱ부 남자성도가 나오는 자율훈련교회 만들기 : 단계별 실천전략 17가지

<5> p 50~51

사명선언문

너희가 흠이 없고 순전하여……세상에서 그들 가운데 빛들로
나타내며 생명의 말씀을 밝혀 _ 빌 2:15-16

1. 생명을 담겠습니다
만드는 책에 주님 주신 생명을 담겠습니다.
그 책으로 복음을 선포하겠습니다.

2. 말씀을 밝히겠습니다
생명의 근본은 말씀입니다.
말씀을 밝혀 성도와 교회의 성장을 돕겠습니다.

3. 빛이 되겠습니다
시대와 영혼의 어두움을 밝혀 주님 앞으로 이끄는
빛이 되는 책을 만들겠습니다.

4. 순전히 행하겠습니다
책을 만들고 전하는 일과 경영하는 일에 부끄러움이 없는
정직함으로 행하겠습니다.

5. 끝까지 전파하겠습니다
모든 사람에게, 땅 끝까지, 주님 오시는 그날까지
복음을 전하는 사명을 다하겠습니다.

서점 안내

광화문점 종로구 신문로 1가 58-1 구세군 회관 2층(110-061)
Tel 02)737-2288 | Fax 02)737-4623

강 남 점 서초구 잠원동 75-19 반포쇼핑타운 3동 2층 전관(137-909)
Tel 02) 595-1211 | Fax 02) 595-3549

구 로 점 구로구 구로 3동 1123-1 3층(152-880)
Tel 02) 858-8744 | Fax 02) 838-0653

노 원 점 노원구 상계동 749-4 삼봉빌딩 지하1층(139-200)
Tel 02) 938-7979 | Fax 02) 3391-6169

분 당 점 경기도 성남시 분당구 서현동 273-1 대현빌딩 3층(463-824)
Tel 031) 707-5566 | Fax 031) 707-4999

신 촌 점 마포구 노고산동 107-1 동인빌딩 8층(121-806)
Tel 02) 702-1411 | Fax 02) 702-1531

일 산 점 경기도 고양시 일산구 주엽동 83번지 레이크타운 지하 1층(411-370)
Tel 031) 916-8787 | Fax 031) 916-8788

의정부점 경기도 의정부시 금오동 470-4 성산타워 3층(484-010)
Tel 031) 845-0600 | Fax 031) 852-6930

인터넷서점 www.lifebook.co.kr